Gerd Wolfgang Sievers
Sassi Z. Horinek

Böhmische Küche

Leopold Stocker Verlag

Umschlagfoto Vorderseite: Mona Lorenz
Alle Fotos von Kurt Michael Westermann mit Ausnahme von:
Gerd W. Sievers: 2, 4, 10, 12, 16 (links), 19 (oben links, unten rechts), 23 (Mitte rechts, unten links), 28, 37, 70, 103, 113, 116, 123, 128, 163, 166, 169, 173, 174
Clemens Toscani: 16, 20
Herbert Lehmann: 19 (Mitte rechts), 115, 118, 121
Ferdinand Neumüller: 19 (links oben), 67

Foodstyling: Gerd W. Sievers, Sassi Z. Horinek
Foodstyling Süßspeisen: Vera Arbaczewski

Texte:
Gerd Wolfgang Sievers: Vorwort, Küchengeschichtliche Einleitung, Produktbeschreibungen, Rezepte
Sassi Z. Horinek: Rezepte
Volker Sander: Geschichtliche Einleitung

Auf Wunsch senden wir Ihnen gerne kostenlos unser Verlagsverzeichnis zu:
Leopold Stocker Verlag GmbH
Hofgasse 5 / Postfach 438
A-8011 Graz
Tel. +43 (0)316/821636
Fax. +43 (0)316/835612
E-Mail: stocker-verlag@stocker-verlag.com
www.stocker-verlag

Bibliografische Information Der Deutschen Bibliothek
Die Deutsche Bibliothek verzeichnet diese Publikation in der Deutschen Nationalbibliografie, detaillierte bibliografische Daten sind im Internet unter http://dnb.d-nb.de abrufbar.

Hinweis: Dieses Buch wurde auf chlorfrei gebleichtem Papier gedruckt. Die zum Schutz vor Verschmutzung verwendete Einschweißfolie ist aus Polyethylen chlor- und schwefelfrei hergestellt. Diese umweltfreundliche Folie verhält sich grundwasserneutral, ist voll recyclingfähig und verbrennt in Müllverbrennungsanlagen völlig ungiftig.

ISBN: 978-3-7020-1423-0

Umschlaggestaltung: Werbeagentur Rypka GmbH, A-8143 Dobl-Zwaring, www.rypka.at

Layout und Repro: Buchproduktion.Toscani.at, 3400 Klosterneuburg

Inhaltsverzeichnis

1530
ČERNÁ HORA

Vorwort

Sie ist schon ein erstaunliches Phänomen, die Böhmische Küche. Man könnte auch sagen: „Totgesagte leben länger“. Denn tatsächlich hat die Böhmische Küche alle Bestrebungen einer kommunistischen oder postkommunistischen Gleichmacherei überlebt und ist sogar noch gestärkt aus diesen Wirren hervorgegangen. In der kommunistischen Nachkriegsära des vergangenen Jahrhunderts herrschte nämlich der (an sich gut gemeinte) Grundsatz, dass alle Tschechen (und Slowaken) „gleich gut“ essen sollten. Leider konnte die kommunistische Mangelwirtschaft diesem Anspruch in keiner Weise gerecht werden, was schließlich dazu führte, dass alle Tschechen „gleich schlecht“ aßen, um die kulinarischen Verhältnisse – wie ich sie in den späten 70ern und frühen 80ern vorigen Jahrhunderts leider noch selbst erleben musste – treffend zu beschreiben.

Nichts von dem, was zum einstigen Weltruhm der Böhmischen Küche führte, war in der Tschechoslowakei der 70er und im Prag der 80er Jahre zu sehen, zu schmecken und zu erleben. Berge von Sauerkraut und Sättigungsbeilagen (um das aus dem DDR-Jargon stammende Unwort hier einmal passend einzusetzen) bestimmten das Bild, und vom einst so glorreichen Küchenhandwerk war nichts zu spüren – auch nicht von der Kunst der wunderbar duftenden und liebevoll zubereiteten Mehlspeisen, für die die Böhmische Küche zu Recht berühmt und beliebt ist: Buchteln, Dalken, Liwanzen & Co wurden allenfalls noch in den Haushalten zubereitet, auf den Speisekarten der Restaurants waren sie kaum zu finden.

Das Bild hat sich gottlob dramatisch gewandelt: Vorbei sind nun die Zeiten kommunistischer Diktatur, und vorbei sind die Zeiten der Mangelwirtschaft, aber noch immer sind die Wunden nicht gänzlich verheilt (zumindest in den Großstädten wie Prag). Auch wenn man mittlerweile in einer ganzen Reihe von Restaurants hervorragend essen kann, so bestimmt nach wie vor nicht die original Böhmische Küche das Bild der Speisekarten, sondern internationale, insbesondere mediterrane Gerichte, meist pseudo-italienischer Stilistik. Vom Glanz der Böhmischen Küche, die ihre Hochblüte sicherlich im 19. Jahrhundert hatte, ist noch immer nicht viel zu spüren, und von Delikatessen wie Kuttelsuppe (dršťková), Schwarzem Karpfen (kapr) oder Mohndalken (vdolek) nicht viel zu sehen. Natürlich gibt es auch in Prag einige traditionsbewusste Lokale, die solche regionalen Köstlichkeiten zubereiten und auftischen, aber insgesamt gesehen doch viel zu wenige. Besser ist da die Situation im böhmischen Umland, wenngleich auch nicht wirklich befriedigend.

Die Böhmische Küche macht zudem eine Art Modernisierungsprozess durch, denn viele Menschen mögen die herrlich deftige und (leider) nicht selten auch sehr kalorienreiche Originalküche nicht (mehr). Diesen Modernisierungsprozess hatten auch andere Regionalküchen zu überstehen, bis sie sich dazu entschieden haben, das Experiment sein zu lassen und die Originalrezepte so zu kochen, wie es die Oma getan hat. Um zu dieser Erkenntnis zu gelangen, braucht man Zeit, und die muss man auch der Böhmischen Küche geben. Kalorien lassen sich ja auch dadurch einsparen, dass man einfach die Portionen verkleinert, ohne dabei die Rezeptur zu verändern (aber das Verkleinern der Portionen kommt wieder bei eingefleischten Freunden der Böhmischen Küche nicht so gut an).

Das wirklich Schöne an der Böhmischen Küche ist aber genau dieser viel zitierte Faktor, dass einfach nach Herzenslust geschlemmt werden darf – ohne Erbsenzählen, ohne Kalorienzählen und ohne schlechtes Gewissen. Gut kann ich mich erinnern, wie meine Wiener Großmutter von den Kochkünsten der beiden böhmischen Köchinnen, welche im elterlichen Haushalt angestellt waren, schwärmte. Das Wasser lief mir im Munde zusammen, als sie mir von leib- und herzerwärmenden Suppen, deftigen Eintöpfen, herrlich duftenden Gänsebraten oder köstlichen Aufstrichen, welche tagtäglich als „Imbiss" zwischendurch gereicht wurden, erzählte. Und das alles referierte die Oma, während sie hunderte Marillen-, Powidl- und Zwetschkenknödel formte (natürlich nach Rezepten der böhmischen Köchinnen), denn diese bereitete sie immer auf Vorrat zu, wenn sie bei uns zu Besuch war. Als ich dann auch noch von Knoblauchbrot, Gänseleber, Olmützer Quargel, gesulztem Karpfen und Prager Schinken kosten durfte, war ich derart begeistert von dieser Küchenstilistik, dass ich beschloss, mich intensiver mit ihr auseinanderzusetzen. Und heute – mehr als 40 Jahre nach den Ausführungen und Kostnotizen der Oma und mittlerweile 30 geschriebene Bücher später – habe ich die schöne Gelegenheit, diese von mir nach wie vor so geliebte Böhmische Küche mittels des vorliegenden Buches zu ehren.

So möchte ich an dieser Stelle die Gelegenheit nutzen, meiner Co-Autorin Sassi Horinek zu danken, einer waschechten Böhmin und leidenschaftlichen Köchin, die mir viele weitere Einblicke in die Genuss- und Lebensfreude des Böhmerlandes ermöglicht hat und von der auch viele wunderbare, regionaltypische Rezepte in diesem Buch stammen. Gemeinsam haben wir – so glaube ich – eine schöne Rezeptsammlung zusammengestellt, die ein treffendes Bild für die herzhafte, liebevolle und zuweilen auch höchst anspruchsvolle Böhmische Küche zeichnet. Denn die Böhmische Küche ist sicherlich in Originalform eine Küche, die glücklich, satt und zufrieden macht. Das können nicht viele Regionalküchen in dieser Perfektion bieten, was wiederum bestätigt, dass die Böhmische Küche eine der besten Regionalküchen dieser Welt ist. Diesem Anspruch wird sie sicherlich auch im eigenen Land bald wieder gerecht werden.

Ein weiterer Dank gebührt einem ausgesprochenen Prag-Liebhaber für die geschichtliche Einleitung zu diesem Buch: meinem Freund Volker Sander, mit dem ich einst gemeinsam die Schulbank im Archigymnasium zu Soest (Westfalen) drückte und mit dem mich bis heute eine tiefe Freundschaft verbindet. Denn wie bei allen großen Regionalküchen dieser Erde verhält es sich auch bei der Böhmischen Küche so, dass Geschichte und Kultur maßgeblich Einfluss auf die Küchenstilistik genommen haben. Und die Böhmische Küche ist letztendlich ein einzigartiges Spiegelbild einer gemeinsamen Geschichte verschiedener Volksgruppen, die zwar unterschiedlicher kaum sein könnten, aber im Genuss offensichtlich einen soliden gemeinsam Nenner gefunden haben.

In diesem Sinne wünsche ich – auch im Namen meiner lieben Kollegin und Co-Autorin Sassi – allen geneigten Lesern viel Vergnügen beim Nachkochen der Gerichte, ein gutes Gelingen und einen herzhaft-deftigen guten Appetit!

Ihr
Gerd Wolfgang Sievers

Einleitung

Zum geschichtlichen Geleit

von Volker Sander

Hier soll lediglich eine kurze und allgemein verständliche Einführung in die Landschaft und bewegte Geschichte Böhmens sowie seiner Kapitale Prag gegeben werden. Dabei werde ich nur auf die herausragenden historischen Ereignisse und die diese beeinflussenden Gestalten genauer eingehen. Dies soll dazu dienen, dem Leser nicht den Appetit mit zu vielen Details zu verderben, denn er hält schließlich ein Koch- und kein Geschichtsbuch in seinen Händen. Aus gleichen Gründen wird auch auf Quellenangaben verzichtet.

Der Name „Böhmen“ leitet sich vom keltischen Stamm der Boier ab, der bereits in vorchristlicher Zeit in sein neues Stammesgebiet einwanderte. Auf lateinisch heißt dieses Bohemia, in der tschechischen Sprache Čechy, so dass auch die Namensgebung der heutigen Tschechischen Republik aus dieser Begrifflichkeit resultiert. Das Gebiet Böhmen ist kein willkürlich geschaffenes Gebilde, sondern wird aufgrund seiner natürlichen Grenzen definiert. Im Südwesten wird diese zu drei Seiten von Höhenzügen umgebene Beckenlandschaft durch den Böhmerwald von Österreich und Bayern abgegrenzt. Weiter im Nordwesten schließt sich nahtlos das Erzgebirge als Grenze zu Sachsen an. Direkt im Norden liegen zwischen Böhmen und Polen die Sudeten, auf die im Osten die Böhmisch-Mährischen-Höhen folgen, welche sich in nord-südlicher Richtung quer durch die Tschechische Republik bis zum österreichischen Waldviertel erstrecken und Böhmen von Mähren trennen. Somit umfasst das heutige Böhmen ca. 2/3 des Staatsgebiets von Tschechien.

Während der Völkerwanderungszeit gegen Mitte des 6. Jahrhunderts wies das böhmische Gebiet kaum Einwohner auf; danach sickerten von Osten kommend zunehmend slawische

Blick auf den Altstädter Ring in Prag (l.). Die Zeltnergasse, im Hintergrund der Pulverturm (r.).

Volksstämme in diese fruchtbare Gegend ein. Das 9. nachchristliche Jahrhundert war für das böhmische Gebiet im negativen Sinne sehr ereignisreich: Karl der Große führte mehrere Eroberungsfeldzüge gegen die Böhmen, die sich nach der Verwüstung ihres Landes zu Tributzahlungen verpflichten mussten. In der Folge gelang es der Dynastie der Přemysliden, sich gegenüber den übrigen Fürsten die Vormachtstellung zu verschaffen, welche sie durch ihre Unterwerfung unter die ostfränkischen Herrscher legitimierten und damit festigten - Böhmen wurde damit Bestandteil des Heiligen Römischen Reiches deutscher Nation. Wenzel I. aus diesem Geschlecht wurde nach seiner Ermordung durch seinen Bruder sogar der Schutzheilige Böhmens und Namensgeber für die böhmische Königskrone. In diese Zeit fällt auch die erste Christianisierung der Gegend; ab 973 war Prag Bischofssitz. Mit anfänglicher Verzögerung ging die böhmische Königswürde erblich auf die Přemysliden über. Unter dem größten Herrscher aus dieser Dynastie, Ottokar II., erstreckte sich das von ihm beherrschte Gebiet von der Adria bis hin zur Ostsee; auch Königsberg geht auf eine Stadtgründung Ottokars zurück. Die Besiedelung der zuvor kaum bevölkerten, bergigen Randgebiete Böhmens und Mährens durch deutsche Bauern und Handwerker verdankt sich ebenfalls einer Initiative Ottokars.

Eine erste enge Verbindung zu den Habsburgern entsteht unter Wenzel II. Dieser heiratet mit Guta die Tochter des deutschen Königs Rudolf I. 1306 wurde ihr Sohn Wenzel III. jedoch ermordet. In der Folge geht der Thron auf ihre Schwester Elisabeth und deren erst 14-jährigen Gemahl Johann von Luxemburg über, der 1311 zum böhmischen König gewählt wird. Somit war Wenzel III. der letzte Herrscher aus der männlichen Linie des Geschlechts der Přemysliden. Auf die große Bühne der europäischen Geschichte tritt Böhmen mit der Wahl des in Prag geborenen und auch gestorbenen Karl IV., dem Sohn Johanns, der zu Recht als einer der prägendsten Herrscher des Spätmittelalters bezeichnet werden kann. 1346 wurde er zum römisch-deutschen König gewählt, ein Jahr später folgte er seinem Vater als König von Böhmen und 1355 wurde er schließlich zum römisch-deutschen Kaiser gekrönt. Einige seiner herausragenden Regierungshandlungen war die Abfassung der „Goldenen Bulle", die seit dem Jahr 1356 die Wahlmodalitäten des römisch-deutschen Königs regelt und die wahlberechtigten „Kurfürsten" festsetzt. Sie stellte eine Art Reichsverfassung dar, die bis zum Ende des Heiligen Römischen Reiches aufgrund der Niederlegung des Kaisertitels durch Franz II. im Jahr1806 Gültigkeit besaß. Während Karls Regentschaft als böhmischer König entfesselte er umfangreiche Bautätigkeiten. Zunächst ließ er ab 1344 den für das neu erstandene Erzbistum Prag repräsentativen Veitsdom auf dem Hradschin errichten, der als Krönungskirche der böhmischen Könige auch die Gräber derselben beherbergt. Während in diesem größten Sakralbau Tschechiens die Krone der böhmischen Könige, die Wenzelskrone, verwahrt wurde, diente die neu errichtete Burg Karlstein, ca. 30 km südwestlich von Prag gelegen, unter anderem der sicheren Aufbewahrung der Reichsinsignien des Heiligen Römischen Reichs, um die sich Karl ab seiner Krönung 1346 zu kümmern hatte. Heute sind die noch verbliebenen Reichsschätze nach diversen Odysseen durchs Reich seit 1801 in der Wiener Hofburg beheimatet. Prag entwickelte sich zunehmend zu einem wichtigen Handelsplatz, für den es günstige Verkehrsbedingungen zu schaffen galt. Die nicht mehr zeitgemäße und häufig zerstörte Judithbrücke über die Moldau ließ er durch einen wesentlich robusteren Nachfolgebau ersetzen, der uns heute als Karlsbrücke bekannt ist. Mit der 1348 gegründeten Karls-Universität entstand in Prag die erste Universität Mitteleuropas. Unter Karl IV. erfolgte auch der Großteil des heute bekannten Ausbauzustands der Prager Burg auf dem Hradschin durch den genialen Baumeister Peter Parler. Von den Zerstörungen der Hussitenkriege weitgehend verschont, sind bis zum Ende des 15. Jahrhunderts keine weiteren nennenswerten Bautätigkeiten am Hradschin zu verzeichnen. Erst König Wladislaw II. ließ den größten Profansaal nördlich der Alpen, den nach ihm benannten Wladislawsaal, errichten.

Schon im 10. Jahrhundert gab es eine große jüdische Gemeinschaft in Böhmen, vorrangig in Prag. Die Altneu-Synagoge aus dem 13. Jahrhundert, die älteste unzerstörte und original erhaltene Synagoge Europas, zeugt von der Bedeutung der jüdischen Gemeinde in Prag. Auf dem alten jüdischen Friedhof, der von der ersten Hälfte des 15. Jahrhunderts bis zum Ende des 18. Jahrhunderts der Bestattung der verstorbenen Prager jüdischen Glaubens diente, liegen geschätzte 100.000 Tote. Nach jüdischem Bestattungsritus dürfen ihre Gebeine nicht umgebettet werden.

Unter Ottokar II. erhielten die Juden erste Schutzrechte, um sie vor gewalttätigen Übergriffen zu schützen. Die Sicherheitslage der Juden war jedoch immer fragil, denn es kam zu diversen Plünderungen der nicht unvermögenden Kaufleute, die von höchster Stelle zur Auffüllung der königlichen Kasse angeordnet wurden, so unter König Johann im frühen 14. Jahrhundert. Unter seinem Nachfolger im Amt, seinem Sohn Karl IV., erfuhren die jüdischen Bürgerrechte eine erneute Stärkung. Doch auch im Jahr 1349 kommt es zu Übergriffen auf die Juden im gesamten kaiserlichen Reichsgebiet. Auf dem Höhepunkt der grassierenden Pest wurden die Juden als Brunnenvergifter und damit Auslöser der Epidemie verunglimpft und in der Folge viele ermordet. Obwohl sie sich eigentlich auf den Schutz ihres Herrschers Karl hätten verlassen dürfen, verordnete dieser, was im Falle eines Pogroms mit dem Besitz der Erschlagenen zu geschehen habe, statt wirkungsvolle Schutzmaßnahmen zu ergreifen. In Karls Goldener Bulle wird auch die Erhebung einer Judensteuer geregelt. Mit dieser Schutzgeld-Steuer musste sich die jüdische Bevölkerung den Rückhalt ihres jeweiligen Landesherrn unter den Kurfürsten erkaufen. 1389 sind im Prager Ghetto 3000 Juden umgebracht worden, da behauptet wurde, dass in ihrem Wohnbezirk ein katholischer Priester erst beleidigt und danach gesteinigt worden sei. Unter den Habsburgern wurden die Juden per Gesetz weitreichenden Beschränkungen

Blick vom Turm des Rathauses auf die Theinkirche auf dem Altstädter Ring

Dächer der Brünner Altstadt

unterworfen; erst unter dem tolerant regierenden Rudolf II. wurden die Rechte der jüdischen Bevökerung erneut gestärkt. Im 18. Jahrhundert wurde die jüdische Bevölkerung nach dem Ende des Preußisch-Schlesischen Krieges 1744 aus Böhmen ausgewiesen. Dieses Edikt musste Kaiserin Maria-Theresia jedoch aufgrund der weitreichenden wirtschaftlichen Auswirkungen vier Jahre später zurücknehmen.

Mit dem Toleranzpatent von Josef II. 1781 begann die allmähliche Gleichberechtigung der jüdischen Bevölkerung, bald wurden die Mauern des alten Ghettos eingerissen, aus ihm entwickelte sich ein neuer Prager Stadtteil, die Josefstadt. Gegen Ende des 19. Jahrhunderts prägten die meist deutschsprachigen Juden das Prager Kulturleben entscheidend. Doch nach dem Ersten Weltkrieg, dem daraus resultieren Zerfall des österreichischen Kaiserreichs und der Gründung der Tschechoslowakei kam es zu Ausschreitungen gegen die deutschsprachige Minderheit in Böhmen. Dabei wurde nicht zwischen Christen und Juden unterschieden, so dass Letztere ebenfalls zu den Leidtragenden dieser Vorkommnisse gehörten. So wurde 1920 z. B. das jüdische Rathaus der Prager Josefstadt von der tschechischen Bevölkerung gestürmt.

Die Besetzung der Tschechoslowakei durch deutsche Truppen 1939, die Zerschlagung dieses Staates und die Einverleibung des „Protektorats Böhmen und Mähren" in das deutsche Reichsgebiet bedeutete für die jüdische Bevölkerung dann die Katastrophe: Nach dem Zwangsaufenthalt im Konzentrationslager Theresienstadt wurde die jüdische Bevölkerung Böhmens nach Auschwitz deportiert. Rund 78.000 der insgesamt 120.000 jüdischen Einwohner Böhmens und Mährens fielen der Shoa zum Opfer.

Ende des 15. Jahrhunderts war ein großer Teil der böhmischen Bevölkerung hussitisch, d. h. sie war Anhänger des auf dem Konzil von Konstanz 1415 als Ketzer verbrannten Reformators Jan Hus. Dieser hatte jedoch im Gegensatz zu Martin Luther, der rund hundert Jahre später aktiv wurde, keine mächtigen Beschützer, da seine reformatorischen Bestrebungen keiner mächtigen Partei in ihr politisches Konzept passten. Als Anhänger eines Ketzers hatten viele der Staats- und Kirchenbeschäftigten für König Wenzel ihre Amtsunfähigkeit unter Beweis gestellt: Sie galt es von ihren Posten zu entfernen. Die Folge war ein Aufstand, der in den ersten Fenstersturz von Prag am 30. Juli 1419 gipfelte. Wenzel soll darüber so erregt gewesen sein, dass er keine drei Wochen später starb. Wenzels Bruder, der deutsche Kaiser Sigismund, wurde von den zu den Anhängern Jan Hus zählenden Ständen nicht als sein Nachfolger im Königsamt anerkannt; schließlich hatte sein Wortbruch betreffend das sichere Geleit des Reformators für dessen Flammentod in Konstanz gesorgt. In Prag kam es zu gewaltsamen Ausschreitungen von hussitischen Einwohnern und der erzwungenen Umstellung der kirchlichen Liturgie entsprechend der Auslegung des Jan Hus. Nun griff sogar der Papst in das Geschehen ein, indem er zu einem regulären Kreuzzug gegen die hussitischen Ketzer aufrief. Diese waren militärisch unter dem straffen Oberbefehl von Jan Žižkas organisiert, so dass die Katholiken keinen Sieg davontragen konnten. Zwar zogen sie auf dem Hradschin ein; die zweite Prager Burg aber, der Vyšehrad, verblieb in der Hand der Hussiten. Auch zwei weitere Kreuzzüge sollten nicht zu dem vom Papst gewünschten Ergebnis führen. Die Hussiten ihrerseits verfolgten nicht nur die Katholiken in Böhmen, sondern fielen sogar mehrfach in Schlesien, Niederösterreich, Bayern und Sachsen ein, wo sie plünderten und brandschatzten. Doch auch innerhalb der Hussiten kam es zu blutigen Auseinandersetzungen zwischen verschiedenen Flügeln, wodurch sich die Gemäßigten bald wieder der katholischen Kirche zuwandten und 1433 von dieser Zugeständnisse in Glaubensfragen erzielten. Die radikalen Hussiten konnten daraufhin schon 1434 endgültig besiegt werden.

Ähnlich wie später Luther hatte Hus die verweltlichte Lebensweise des Klerus angeprangert. Dieser war, wie der böhmische Adel insgesamt, zu einem nicht unbeträchtlichen Teil deutschsprachig, da das deutsch dominierte Heilige Römische Reich zur Zeit Hus' seine Residenzstadt mit Prag hatte. Wetterte Hus gegen die Prachtentfaltung und den Sittenverfall der Kirche, so griff er damit die deutsch geprägte Oberschicht an, doch hatte in der Folge auch die in den letzten Jahrhunderten stark angewachsene deutsche Landbevölkerung unter Übergriffen der Hussiten zu leiden. Auch in weiteren Konflikten nahm Hus die Position der tschechischen Bevölkerungsmehrheit ein. Um diese Polarisierung im Reich zu verhindern und Hus zu einem Widerruf seiner Lehren zu nötigen, wurde er auf das Konzil in Konstanz befohlen und sollte dort gezwungen werden, seine Lehren zu als falsch zu bezeichnen. Die ihm gegebene Zusage auf freies Geleit wurde zurückgenommen, da Hus nicht widerrufen wollte; einem Ketzer gegenüber war man nicht zur Worttreue verpflichtet. Am 6. Juli 1415 wurde er als verurteilter Häretiker auf dem Scheiterhaufen lebendig zusammen mit seinen Schriften verbrannt. Seine Ideen konnten aber nicht ausgelöscht werden; vielmehr gediehen diese in der fruchtbaren Nährlösung des tschechisch-deutschen Gegensatzes in Böhmen, welcher in den folgenden 200 Jahren zunehmend anschwoll. Die seinerzeit rein religiösen Überlegungen Jan Hus' verließen zunehmend diesen Kontext, da sich die Hussiten oder später die „Böhmischen Brüder“ als Gegenpol zu den katholischen Habsburger und deren Vormachtansprüchen betrachteten.

Nach dem Aussterben der Luxemburger in der männlichen Linie war die Krone kurzzeitig an einen Enkel Kaiser Sigismunds, den Habsburger Ladislaus Postumus übergegangen, doch wählten die böhmischen Stände nach einer Zeit der Wirren 1471 den polnischen Prinzen Wladislaw II. aus dem Haus der Jagiellonen zum König. Als dessen Sohn Ludwig 1526 in der Schlacht von Mohacs gegen die Türken fiel, ging die böhmische Königskrone endgültig an die Habsburger über, nachdem Kaiser Ferdinand I. seine Kinder in einer Doppelhochzeit mit Ludwig und dessen Schwester Anna verbunden hatte. Ab diesem Jahr wurde die böhmische Krone de facto im Geschlecht der Habsburger vererbt und Böhmen entsprechend als Teil dieser Hausmacht an der kurzen Leine geführt. Während noch unter Rudolf II. die Hussiten Glaubensfreiheiten erhielten, kam es unter seinem Bruder und Nachfolger Kaiser Matthias, der erstmalig von Wien aus regierte, zu einer Zurückdrängung der protestantischen Freiheiten in Böhmen. Die Verlagerung des politischen Reichszentrums hatte außerdem weitreichende negative Folgen für das Prager Wirtschaftsleben.

Weiter verschärft wurde die Rekatholisierung unter dem nächsten König von Böhmen, dem österreichischen Erzherzog Ferdinand. Gleichzeitig wurden die Rechte des böhmischen Adels beschnitten. Der hieraus resultierende Unmut kam zum offenen Ausbruch, als den böhmischen Protestanten die im Majestätsbrief Rudolfs II. von 1609 verbrieften Rechte zum Bau von Kirchen verwehrt wurden und es zur erzwungenen Schließung, ja sogar zum Abriss neu erbauter protestantischer Kirchen kam. Eine von den böhmischen Ständen an den schwer erkrankten Kaiser Matthias gerichtete Petition führte lediglich dazu, dass dieser den protestantischen Adligen ihre Versammlungen untersagte und damit altes Recht brach. Die böhmischen Adligen hielten sich nicht an das Wiener Versammlungsverbot: Am 21. Mai 1618 geriet eine in Prag abgehaltene Versammlung der böhmischen Stände, also der zu politischer Aktivität berechtigten Adelsgruppen, außer Kontrolle, da eine Gruppe der Teilnehmenden zum Hradschin zog und nach einem improvisierten Prozess die beiden königlichen Statthalter und einen weiteren Beamten aus dem Fenster warfen. Der Zufall in Gestalt eines Abfallhaufens rettete diesen das Leben. Dennoch wurde dieser Fenstersturz zur Lunte am Pulverfass der aufgestauten Konflikte: Die Gegensätze katholisch-protestantisch, nationale Identität und kulturelle Eigenständigkeit versus Bevormundung durch die Habsburger Kaiser sowie machtpolitische Interessen der unterschiedlichen Lager, aber auch die desolaten ökonomischen Lebensbedingungen der einfachen Bevölkerung und der damit verbundene Kampf um knappe Ressourcen waren eng und unentwirrbar miteinander verwoben und sorgten dafür, dass die gesamteuropäische Katastrophe ihren Lauf nahm. Dieser Revolte einzelner Ständevertreter fehlte allerdings die breite Basis, denn viele Adelige und erst recht die Bevölkerung standen den Vorkommnissen ablehnend gegenüber.

Die St.-Peter-und-Paul-Kathedrale in Brünn (l.). Die astronomische Kunstuhr auf dem Altstädter Rathausturm (r.).

Blick von der Letná (Belvedère-Höhe) auf die Prager Brücken

Dennoch verweigerten die Aufständischen nach dem Tod Kaiser Matthias´ dessen Nachfolger Ferdinand den Treueschwur und machten sich auf die Suche nach einem ihrer Sache gewogeneren Herrscher. Der ideale Kandidat für diese Position schien Friedrich von der Pfalz zu sein, der als Herr der Oberpfalz sogar ein unmittelbarer Nachbar Böhmens war. Vor allem war er protestantischen Glaubens – wenn auch calvinistischer Ausprägung, was den Aufständischen zunächst aber belanglos zu sein schien. Seine Verbindung zu protestantischen Herrschergeschlechtern stellte die Organisation militärischer Unterstützung für die Aufständischen in Aussicht. Angetrieben von Friedrichs Kanzler Christian von Anhalt, welcher in der Parteinahme für die böhmischen Separatisten eine Möglichkeit der Stärkung der Pfalz durch die Schwächung der habsburgischen Interessen zu erkennen meinte, wurde Friedrich zur Annahme der böhmischen Königswürde bewegt. Der offizielle (weil vom Reich anerkannte) Träger der böhmischen Wenzelskrone, Ferdinand, wurde zuvor für abgesetzt erklärt. Außerhalb Böhmens saß er aber politisch fest im Sattel, denn nahezu parallel zu den böhmischen Ereignissen wurde er in Frankfurt am 28. August 1619 – als mit der Kurwürde versehener böhmischer König auch von sich selber – zum Kaiser gewählt. Sogar Friedrich musste seinem Alternativkandidaten seine Stimmzusage entziehen und statt dessen Ferdinand seine Wahlstimme geben. Gleichzeitig machte er sich in Prag äußerst unbeliebt: Seine dogmatisch-calvinistische Auslegung eines Bilderverbots setzten seine Anhänger mittels eines Bildersturms im Veitsdom radikal durch und empörten damit die gemäßigte hussitische Schar der Gläubigen. Weitgehend unbeeindruckt von den Protesten sollten auch die Heiligenfiguren auf der Karlsbrücke weichen. Erst als ein Volksaufstand auszubrechen drohte, ließen die Bilderstürmer von ihrem Vorhaben ab.

Innenpolitisch zumindest ungeschickt und deshalb kaum akzeptiert war Friedrich auch außenpolitisch-militärisch isoliert. Die Mehrheit der Fürsten der protestantischen Union, von denen er sich militärische Unterstützung erhoffte, lehnten derartige Zusagen ab.

Friedrichs schwache Position war offensichtlich; der Gegenschlag aus Wien sollte nicht lange auf sich warten lassen: Am 8. November 1620 rückte ein dem böhmischen im Verhältnis 3:1 deutlich überlegenes Heer auf Prag vor. Das böhmische Heer unter Führung Christian von Anhalts nahm strategisch günstig Aufstellung auf dem Weißen Berg außerhalb Prags, konnte dem Angriff der Habsburger jedoch nicht lange widerstehen. Zusätzlich wurde der Furor der Katholiken mit der Zurschaustellung von einem dem Bildersturm zum Opfer gefallenen Heiligenbild angefacht, sodass die Niederlage Friedrichs total war. Friedrich floh zusammen mit seiner Familie aus Prag, das ohne Verteidigung den habsburgischen Söldnern zur Plünderung überlassen wurde. Leidtragende waren wie immer vor allem die einfachen Leute, die bei diesem Pokerspiel um die Macht lediglich als Statisten agierten, nun aber die Zeche nur allzu oft mit Leib und Leben zahlen mussten. Der siegreiche Ferdinand hielt Strafgericht über die Anführer des Prager Aufstandes: 27 Personen wurden hingerichtet. Um der Rekatholisierung Vorschub zu leisten, wurden ca. 30.000 protestantische Familien aus Böhmen vertrieben. Friedrich V. von der Pfalz sollte sein böhmisches Engagement teuer zu stehen kommen. Seine Königswürde wurde vom Kollegium der Kurfürsten nicht anerkannt. Die für einen Adligen wichtigste immaterielle Währung, der Respekt seiner Standesgenossen, wurde ihm ebenfalls verwehrt: Als „Winterkönig“, also Kurzzeitherrscher, wurde er verspottet, nachdem er durch den desaströsen Ausgang der Schlacht am Weißen Berg auch militärisch vor vollendete Tatsachen gestellt wurde. Schlussendlich verlor die Pfalz ihre Jahrhunderte alte Kurwürde an Bayern.

Unter dem aus diesen Ereignissen folgenden Dreißigjährigen Krieg hatte Böhmen stark zu leiden, mehrfach verheerten und plünderten fremde, aber auch kaiserliche Truppen das Land.

Blick vom Kreuzherrenplatz auf Moldau, Kleinseite und Hradschin

Brünner Altstadtgassen (l.), alter Jüdischer Friedhof in Prag (M.) und Blick auf den Altstädter Rathausturm (r.).

Große Teile des protestantischen Adels verloren ihre Besitzungen, mehr als die Hälfte des Landbesitzes kam in neue Hände, auch neue, nichtböhmische Geschlechter profitierten davon. 1624 wurde der Katholizismus zur einzigen erlaubten Konfession in Böhmen. Mit dem Prager Frieden vom 30. Mai 1635 gelang es schließlich beinahe den Krieg zu beenden: Der Kaiser und seine katholischen Verbündeten der Liga schlossen mit dem protestantischen Sachsen einen Frieden, dem sich nach und nach fast alle Reichsfürsten anschlossen. Hätten nicht noch Schweden und Frankreich weiter gegen den Kaiser gekämpft, hätte der Krieg hiermit beendet sein können; so sollte aber der Westfälische Frieden von 1648, der den Krieg endgültig beendete, noch 13 lange Jahre auf sich warten lassen. In dieser Phase zeitigte der Dreißigjährige Krieg die schlimmsten Greuel und Verheerungen, allein in Böhmen fiel ihm mehr als ein Drittel der Bevölkerung zum Opfer, noch während der laufenden Friedensverhandlungen wurde Prag von einem schwedischen Heer geplündert.

Das 18. Jahrhundert brachte für Böhmen eine verhältnismäßig friedliche Zeit, auch wenn es zum Schauplatz von Schlachten in den Kriegen Maria Theresias gegen Friedrich von Preußen und in den napoleonischen Kriegen wurde. 1804 gründete der letzte Kaiser des Römischen Reiches, Franz II., das Kaisertum Österreich. Nachdem dieser seinen römischen Kaisertitel niederlegte und damit das „Alte Reich" als erloschen erklärte, gehörten von nun an die „Länder der Böhmischen Krone", also auch Böhmen, bis 1918 zum Kaisertum Österreich. Im 19. Jahrhundert, im Zeitalter des erwachenden Nationalismus, bildete sich auch in Böhmen eine tschechische Nationalbewegung, die anfangs noch nach einer nationalen Gleichberechtigung innerhalb des Habsburger Reiches strebte, etwa was die Verwendung der tschechischen Sprache bei Ämtern und Gerichten betraf. So wurde die Universität Prag, an der im Laufe des 18. Jahrhundert das Deutsche die lateinische Unterrichtssprache abgelöst hatte, 1882 in eine deutsche und eine tschechische Universität geteilt. Durch Zuzug bäuerlicher Bevölkerung verlor auch die Stadt Prag selbst ihren mehrheitlich deutsch(-jüdischen) Charakter, ab 1860 ist die Einwohnerschaft mehrheitlich tschechisch. In den letzten Jahren der österreichisch-ungarischen Monarchie radikalisierte sich die tschechische Nationalbewegung schließlich zusehends und strebte nun die Errichtung eines eigenen Nationalstaates an.

Bauernhäuser im deutschsprachig besiedelten Adlergebirge (orlické hory), wo die Bewohner vorwiegend von der Holzverarbeitung lebten. Die Inschrift am Kruzifix im linken Bild lautet: „Vater! In Deine Hände empfehle ich meinen Geist".

Als infolge des verlorenen Weltkriegs das multinationale Gebiet des Habsburgerreiches zerfiel, erfolgte die nationale Eigenständigkeit Böhmens als Teil des Staatsgebiets der neu entstandenen Tschechoslowakei. Diese war zwar eine Demokratie, aber kein richtiger Nationalstaat. Die Tschechen selbst stellen nur knapp die Mehrheit der Bevölkerung, die zahlreichen Minderheiten, Deutsche, Polen, Ungarn und Ukrainer, selbst die Slowaken fühlten sich in verschiedener Hinsicht benachteiligt. Insbesondere die jetzt so genannten „Sudetendeutschen", die fast ein Viertel der Gesamtbevölkerung der Tschechoslowakei ausmachten und in den von ihnen bewohnten Randgebieten Böhmens und Mährens mehr als 90 % der Einwohner stellten, konnten nicht vergessen, dass ihnen 1919 das Selbstbestimmungsrecht und damit der Verbleib bei Österreich verweigert worden war. In den 1930er Jahren wandten sie sich immer mehr dem nationalsozialistischen deutschen Reich zu, bis dieses im „Münchner Abkommen" am 30. September 1938 von Frankreich, England und Italien das Einverständnis zur Abtretung der mehrheitlichen deutschen Gebiete erzielen kann. Die Regierung in Prag war zu diesen Verhandlungen nicht hinzugezogen worden und musste sich dem Druck der Großmächte beugen. In der Folge setzten auch Polen und Ungarn Gebietsansprüche gegenüber Prag durch. Bei den Westmächten mag die Überzeugung geherrscht haben, mit dieser dem Selbstbestimmungsrecht der Völker im Prinzip entsprechenden Regelung den Frieden in Europa bewahrt zu haben, doch die Ziele Hitlers gehen weiter. Schon im März 1939 besetzt er die so genannten „Resttschechei" und macht sie zum „Protektorat Böhmen und Mähren", nachdem sich schon zuvor die Slowakei zum unabhängigen Staat erklärt hatte.

Die nationalsozialistische Unterdrückungspolitik, für die der Ort Lidice zum Symbol geworden ist, wo wegen angeblicher Beteiligung an dem Attentat auf den deutschen Statthalter die gesamte männliche Bevölkerung erschossen und Frauen und Kinder in Konzentrationslager verbracht worden waren, gab den tschechischen Nationalisten rund um Exilpräsident Beneš die Möglichkeit, bei den Alliierten die Zustimmung für den Abschub der gesamten deutschen Bevölkerung Böhmens und Mährens zu erreichen. Bei den nach Kriegsende folgenden Vertreibungsaktionen kam es zu zahlreichen Gewalttaten, die von Präsident Beneš allerdings straffrei gestellt wurden. Insgesamt verlieren fast drei Millionen Deutsche ihre Heimat, die Zahl der Todesopfer wurde seitens der Sudetendeutschen Landsmannschaft auf bis zu 270.000 geschätzt, erst 1996 glaubte eine deutsch-tschechische Historikerkommission aufgrund neuer Berechnungen von nur 20–30.000 Toten ausgehen zu können.

In der 1945 wiedererstandenen Tschechoslowakei konnten die Kommunisten schon 1948 die Macht an sich reißen, der Versuch Alexander Dubčeks, 1968 einen reformkommunistischen Weg zu beschreiten, wurde von den anderen Staaten des Warschauer Pakts auf Geheiß Moskaus militärisch unterdrückt. Erst 1989 gelingt es der „Samtenen Revolution" nahezu gewaltfrei ein Ende der kommunistischen Herrschaft herbeizuführen. Danach als demokratische Republik fortgeführt, gingen der tschechische und der slowakische Teil 1993 getrennte Wege. Das vorläufig letzte große Ereignis in der tschechischen Geschichte war der 2004 vollzogene Beitritt zur Europäischen Union.

Die eigentliche Bedeutung und das bleibende Erbe dieser wechselhaften böhmischen Geschichte macht das gegenseitige Sich-Befruchten der verschiedenen Kulturen in diesem Gebiet im Herzen Europas aus. Tschechen, Deutsche wie Sachsen und Bayern, Österreicher entwickelten zusammen mit jüdischen Einflüssen eine bis heute deutlich zu spürende Schaffenskraft. Nicht nur in der einflussreichen böhmischen Küche, sondern auch in der Literatur und Musik ist diese Kreativität erkennbar. Mit Rilke, Kafka, Smetana, Dvořák und Mahler sollen nur einige herausragende Künstler genannt sein. Bezeichnend ist, dass deren wegweisenden Werke vor der Katastrophe des Ersten Weltkriegs und aller seiner Folgewirkungen entstanden sind, die zu einer kulturellen Monotonie führten.

Blick auf Moldau, Karlsbrücke und den nächtlichen Hradschin

Vom Zauber der Böhmischen Küche
... und dem Ansuchen nach Rettung!

von Gerd W. Sievers

Man sagt, ein jedes Volk habe seine typische nationale Küche, mit Speisen voll Charakter, Duft und Eigenständigkeit. So auch die Böhmische Küche, auf den ersten Blick freilich nur, denn auf den zweiten Blick wird man feststellen, dass mehr als ein Volk am gemeinsamen Haus „Böhmische Küche" beteiligt war. Betrachtet man aber das heutige Speisenangebot in Tschechien – vor allem das von Lokalen – so wird man sich zwangsläufig die Frage stellen, wo sie denn geblieben ist, diese fast schon legendäre Küche, die so viele andere berühmte Küchen Europas maßgeblich beeinflusst hat? Was wäre die Österreichische Küche – respektive die Wiener Küche – ohne die böhmischen Mehlspeisen oder ohne die böhmische Liebe zu Knödeln und Kraut? Und wo stünde die Berliner Küche ohne die Tipps und Tricks oder die kräftigen Saucen mit Einbrenn oder Mehlschwitze gebunden, die einst von böhmischen Zuwanderern in die heutige Bundeshauptstadt gebracht wurden? Was ist mit Böhmen, vor allem mit Prag, selbst? Hat man auch hier vergessen, wer man ist und was man isst?

Fragen, mehr als man in wenigen Zeilen beantworten könnte, aber auch Fragen, die bereits darauf hindeuten, dass die Böhmische Küche mehr ist als eine reine – mehr oder weniger umfangreiche – Sammlung an Rezepten. Die Böhmische Küche ist Synonym für einen Lebensstil, der heute mehr und mehr in Bedrängnis gerät, denn sie steht für mütterliche und großmütterliche Liebe, wohliges und häusliches Umsorgtsein, deftige und sättigende Kost ohne störendes Kalorienzählen und nicht zuletzt für Töpfe, die sich nie zu leeren scheinen. Einer Mär vom Schlaraffenland gleich kommt die Aufzählung der deftig-saftigen Braten, der köstlichen Fischgerichte und der herrlich duftenden Mehlspeisen, die den Genießer zum Träumen verleiten und Diplomaten haben Schwäche zeigen lassen. Nein, die Böhmische Küche ist keine Rezeptsammlung, sondern eine Lebenseinstellung. Eine Einstellung zu einem bewusst geführten Leben, die den reinen Genuss in den Mittelpunkt stellt – ohne Wenn und Aber!

Werfen wir kurz einen Blick in die Geschichte, der lohnt sich nämlich immer, wenn man eine Küchenstilistik besser zu verstehen sucht.

An der Entstehung der böhmischen Regionalküche und ihrer Entwicklung sind zunächst einmal die Hausfrauen maßgeblich beteiligt, und zwar nicht die aus den ersten urbanen Ansiedelungen, sondern die aus der fruchtbaren Elbe-Ebene, aus dem Riesengebirge-Vorland und die von der Böhmisch-Mährischen-Höhe. Somit ist bereits deutlich, dass die Böhmische Küche ihre Wurzeln nicht in der höfischen Küche hat, sondern in der bäuerlichen Regionalkost. Und diese wird – wie bei allen großen Regionalküchen der Welt – nicht von den Menschen ursprünglich bestimmt, sondern vor allem vom Faktor Natur. So wurde die Küche Böhmens – das übrigens nahezu zur Gänze von einem Gebirgskranz umrandet wird – zweifellos durch das hier vorherrschende Mikroklima beeinflusst, denn das war entscheidend dafür, was Gewässer, Wälder, Felder und Höfe an Viktualien hergaben. Das schließlich bestimmte den Speiseplan der originalen Böhmischen Küche und tut dies – wenn man traditionell kocht – heute noch.

Dieser Speiseplan war – im Gegensatz zu vielen anderen europäischen Regionen – erstaunlich vielseitig gestaltet, was dazu führte, dass die Ernährung in Böhmen schon von alters her wesentlich abwechslungsreicher und mannigfaltiger war als viele andere. Getreide von

fruchtbaren Äckern sorgte für die Grundlage, denn aus ihm konnten salzige Breie genauso zubereitet werden wie süße Gebäcke – bis heute sind alle Formen von Mehlspeisen (von pikanten Knödeln bis zu süßen Gebäckformen) die Stütze der Böhmischen Küche; später kamen dann noch Kartoffeln hinzu, die wie Getreide sowohl in pikanten wie auch süßen Rezepten Verwendung fanden. Die Bauernhöfe versorgten die Küchen zudem mit Geflügel (vor allem Huhn und Gans, aber auch Ente), reichlich Hammel- und Schweinefleisch (das meist zu Speck und Wurst verarbeite wurde und das für die Böhmische Küche unentbehrliche Schmalz lieferte). Und aus den Teichen kamen kapitale Hechte sowie fette Karpfen – bis heute eine Leibspeise der Böhmen. Wälder und Flur boten Wild in Hülle und Fülle, vor allem Hasen und Fasane wurden zu Stars in den böhmischen Töpfen. In den Gärten grünten Karotten, Sellerie, Petersilie, Zwiebeln, Knoblauch und Schnittlauch, die sowohl als Gemüse wie auch Gewürz verwendet werden konnten und durch Brennnesselblätter, Bärlauch, Löwenzahn und Liebstöckel ergänzt wurden; nicht vergessen darf man an dieser Stelle Majoran und Kümmel, welche bis heute die wichtigsten Gewürze der Böhmischen Küche zu sein scheinen. Himbeeren, Brombeeren, Heidelbeeren, Holunderbeeren und Pilze konnten in den dunklen Wäldern in beinahe unermesslichen Mengen gesammelt werden und wurden entweder gleich frisch genossen oder für den Winter eingelegt und konserviert – überhaupt zählten die Wälder zu den wichtigsten Rohstofflieferanten. Wenn der Herbst dann die Natur in bunte Farben tauchte, gesellten sich Birnen und Äpfel in die Küche, die übrig gebliebenen Früchte wurden im Keller gelagert oder zu köstlichem Dörrobst oder in Form eines herrlichen Kompotts als Vorrat für den Winter konserviert. Etwas später im Jahr konnten dann die Zwetschken geerntet werden, der einzig legitime Rohstoff für den Powidl und das Klevera (dünnes Zwetschkenmus). Powidl war nicht nur Bestandteil von berühmten Mehlspeisen (Buchteln,

Alljährlich werden im Herbst die Fischteiche – wie dieser bei Pardubice – zum Abfischen trocken gelegt.

Knödelfülle etc.), sondern man nutzte ihn auch als natürliches Süßungsmittel für zahlreiche Saucen (z. B. für Wildgerichte, Karpfen u. v. a. m.). Nicht vergessen dürfen wir an dieser Stelle den Mohn, den die Slawen in die böhmische Region gebracht haben und der eine wichtige Zutat von liebevoll zubereiteten Mehlspeisen und duftendem Weihnachtsgebäck ist (bis heute ist der Mohn bei den slawischen Völkern ein fixer Bestandteil in weihnachtlichem Brauchtumsgebäck).

Der geneigte Leser wird nun bereits festgestellt haben, dass hier immer wieder von „war" oder „wurde" die Rede ist – bewusst und aus gutem Grund, denn die großartige Küchentradition Böhmens ist vom Aussterben bedroht, sieht man von ein paar Rezepturen ab, die heute noch verwendet werden oder die sich ins benachbarte Österreich retten konnten und dort zu Stützpfeilern der Österreichischen bzw. der Wiener Küche wurden. An dieser Entwicklung sind viele Faktoren ursächlich schuld; der Sozialismus, die Umweltverschmutzung oder die Abwanderung im 19. Jahrhundert sind nur drei von ihnen. Apropos Abwanderung: In Wien lebten um die Wende vom 19. zum 20. Jahrhundert etwa 2 Millionen Menschen, von denen nicht weniger als 400.000 gebürtige Böhmen und Mähren (die übrigens auch einen guten Teil der "Böhmischen Küche" mitgestaltet haben) waren. Einzelne Berufsgruppen wurden von diesen klar dominiert. Neben Schneidern und Dienstmädchen waren das vor allem die Köchinnen, die somit klarerweise den böhmischen Küchenstil nach Wien brachten, wo dieser bis heute präsenter ist als in seiner Heimat – mehr noch: Diese Küchenstilistik ist so prägnant für Wien, dass viele glauben, in Wien wäre niemals anders gekocht worden und diese Küche sei die echte Wiener Küche! Und diese Küche erfreute sich nicht nur in den Beiseln und bürgerlichen Haushalten der Stadt großer Beliebtheit. Nein, auch das Großbürgertum und die Feudalen erfreuten sich an böhmischem Wild, großen weißen Poularden und fetten Gänselebern.

Aber der Duft von in Schmalz oder Speck gerösteten Zwiebeln, Majoran, süßen Zwetschken und duftendem Quargel ist noch nicht vergessen, genauso wenig wie der legendäre Satz, mit dem Schwejk tiefe Küchenweisheit ausdrückt: „Gerade zur Küche sollte man intelligente Menschen geben, wegen der Kombination, denn es kommt nicht darauf an, wie man kocht, sondern mit welcher Liebe man Speisen zubereitet."

Manchmal stellt sich aber die Frage, wo diese Liebe geblieben ist. Warum findet man die legendären Kombinationen, die die Böhmische Küche erst zu dem gemacht haben, was sie einst war, heute so selten? Wo bitte gibt es noch Karpfen mit Lebkuchen, mit karamellisiertem Zucker gesüßtes Sauerkraut oder die unschlagbare Kombination von Ingwer und Kartoffeln? Doch der Gipfel alles Unverständnisses ist folgender: Auf die Frage, was denn in einen echten Powidl käme, haben bei einer Straßenumfrage in den 80er Jahren die meisten Leute Zutaten wie Zucker, Rum, Mohn, Pflaumen oder gar Zitronensaft, Balsamessig und Birnendicksaft erwähnt – alles Unsinn. Powidl besteht aus reifen Zwetschken (und nicht aus Pflaumen!) – die stunden-, manchmal sogar tagelang eingekocht werden; und sonst aus gar nichts (in Österreich darf aber nach dem Lebensmittelgesetz ein gewisser Zuckeranteil zugegeben werden, wie auch in Deutschland dem Pflaumenmus). Allenfalls die Zugabe von eingelegten grünen Walnüssen (so genannten „schwarzen Nüssen") ist erlaubt, um die Farbe tiefschwarz werden zu lassen.

Warum dieses Wissen verloren gegangen zu sein scheint, ist sicher auch eine Frage der Moderne, denn wer nimmt sich heute schon die Zeit für das Bessere, wenn das Gute so einfach im Laden erhältlich ist. Aber: Das Gute ist immer der Feind des Besseren!

Die (fast) Zerstörung der Böhmischen Küche hatte noch andere Ursachen außer kommunistischer Mangelwirtschaft und modernem Zeitgeist. „Der ausländische Reisende wurde in Böhmen zur Melkkuh erklärt!", schrieb ein deutsches Reisemagazin Anfang der 90er Jahre vorigen Jahrhunderts und hatte damit nicht einmal Unrecht, denn die (sehr teuren) Pommes waren König und die (aufwändig herzustellenden) Mehlspeisen verschwunden. Die berühmte svíčková sollte nur aus dem Filet hergestellt werden und wurde nun aus billigem Kochfleisch zubereitet. Das Gulasch war meist ein verkochter fettiger Brei, und der berühmte Schweinsbraten bestand im besten Falle aus einer einzigen gekochten Rippe auf pampigem (weil mit viel zu viel Mehl eingedicktem) Sauerkraut und einem überkochten Knödel als Beilage – kein Witz: genau so wurde der Schweinsbraten im berühmten Prager U Fleků im Jahre 1987 serviert! Da erging es der Kuttelsuppe besser, denn die wurde erst gar nicht aufgetischt und konnte somit auch nicht verhunzt werden.

Viele werden jetzt fragen, was haben denn die Prager selbst gegessen, hatten die nicht ihre Geheimtipps? Nein, Prag hatte seinerzeit das Kunststück fertiggebracht, alle Restaurants mit traditioneller Küche entweder den sozialistischen Einheitsnormen anzupassen (was auf die im Vorwort erwähnte Tatsache, dass alle Tschechen gleich schlecht aßen, hinauslief) oder überhaupt gleich aussterben zu lassen. Die Reichen und Schönen saßen in Luxushotels und dinierten französisch oder italienisch, oder sie waren überhaupt gleich im Ausland und ließen die kulinarische Tristesse hinter sich.

Schwejk hat es da besser gewusst, und die Böhmen hätten besser auf ihn und seine Ausführungen bezüglich „Intelligenz" hören sollen. Denn nicht die Männer waren es, die die Böhmische Küche geprägt haben, sondern die Frauen. Die Böhmische Küche ist ein glorreiches Beispiel dafür, wie kreativ regionale Kost sein kann, wenn sie unter einem Küchenmatriarchat steht – und das fernab von emanzipatorischem Gedankengut, sondern mit dem Willen, Körper, Geist und Seele gleichermaßen etwas Gutes tun zu wollen.

Die böhmischen Frauen und insbesondere die Köchinnen unter ihnen hatten offenbar ganz besondere Intelligenz (wenn man Schwejk Glauben schenken mag), denn sie verliehen der Böhmischen Küche den typischen Geschmack, den einzigartigen Duft und erfüllten sie mit Phantasie, Charakter und Esprit. Und so verwundert es auch wenig, wenn man hört, dass die Bibel der Böhmischen Küche von einer Frau geschrieben wurde: Magdaléna Dobromila Rettigová hieß sie, und ihr Werk heißt zutreffend „Domáci kuchařka" („Kochbuch der Hausmannskost" beziehungsweise „Hausköchin"). Es ist bis heute das wichtigste, einflussreichste und wertvollste böhmische Kochbuch und wahrscheinlich zugleich der einzige Rettungsanker, den die Böhmische Küche im eigenen Land (in Wien und anderswo wurde sie ja weiter gepflegt) heute hat. Und diesem Buch ist es letztlich zu verdanken, dass die Böhmische Küche noch nicht untergegangen ist und mittlerweile auch wieder im eigenen Land ein kräftiges Lebenszeichen von sich geben kann. Denn mit ihr lebt ein wichtiges Stück einzigartigen europäischen Kulturgutes weiter, dessen Bedeutung weit über das Kulinarische hinausgeht, denn es ist eine unglaublich harmonische Zusammenführung von jüdischer Kochkunst mit deutscher Produktperfektion und Agrarwirtschaft, die schließlich auch Köstlichkeiten hervorgebracht hat, welche weit über Böhmens Landesgrenzen hinaus bekannt wurden – so wie z. B. die legendären Znaimer Gurken!

Und an diesem Beispiel zeigt sich besonders gut, wie grausam das Schicksal der Böhmischen Küche und ihren Spezialitäten mitspielte: Erst wurden die jüdischen Konservenfabrikanten von den Nazis vertrieben, nach dem Zweiten Weltkrieg dann die deutschen Bauern, mit denen

auch das originale Saatgut der Znaimer Gurken verloren ging – das traurige Ergebnis war schließlich eine davor nie da gewesene Zeit der kulinarischen Tristesse, die von bornierten Pseudosozialisten auf makabere Weise auch noch forciert wurde, indem man Köche mit eigener Handschrift, die also nicht streng nach den absurden sozialistischen Vorgaben kochten, kurzerhand drastisch bestrafte! Das Ergebnis war die bereits angesprochene mutwillige und wahrscheinlich auch nachhaltige Zerstörung eines einzigartigen Kulturgutes.

Es wäre andererseits aber auch verkehrt zu denken, dass sich eine regionale Küche nicht weiterentwickelt, und es wäre auch fatal zu glauben, dass sie resistent gegen Einflüsse von außen sein kann oder sogar sein muss. So hat die Böhmische Küche z. B. schon früh aus Kartoffeln bis dato nicht da gewesene Rezepte gezaubert (und wo stünde sie tatsächlich, wären da nicht auch die berühmten Knödelgerichte), von den Slawen wurden Mohn und Sauerkraut übernommen, das Brauen von hellem Bier lernte man in Bayern und schuf mit diesem Wissen das Pils, den Gipfel allen Biergenusses, die Ungarn steuerten Gulasch und Kesselgerichte bei und von den Österreichern hat man die Liebe zu panierten Speisen abgekupfert. Doch die Böhmische Küche hat bei all diesen Einflüssen von außen niemals ihre eigenen Wurzeln vergessen und die neuen Zutaten und Speisen zwar samt ihrem Geschmack aufgenommen, aber mit dem eigenen böhmischen Charakter und Duft versehen. Und sie hat umgekehrt viel von ihrem Wissen weitergegeben, nach Wien beispielsweise oder eben auch nach Berlin; nicht wenige Kulinarik-Historiker sehen daher in der Böhmischen Küche die Mutter der Österreichischen und der Deutschen Küche gleichermaßen – das ist vielleicht etwas übertrieben, aber ganz verkehrt auch nicht.

Die heutigen Köchinnen und Köche Böhmens – viele von ihnen wahre Meister der Kochkunst – können (nicht nur Dank Rettigová, sondern vor allem dank der Mütter und Großmütter, die allen politischen Wirren zum Trotz das alte Wissen in unzähligen Kladden und natürlich auch mündlich weitergegeben haben) auf ein unschätzbares Material an historischem und traditionellem Wissen um die Küche und das Küchenhandwerk zurückgreifen und dürfen – nein, müssen – diese alte Kunst den modernen Zeiten anpassen, wo es nötig ist. Der Charakter der böhmischen Gerichte geht nicht verloren, wenn man mit weniger Mehlschwitze und reduzierten Fettmengen arbeitet, Portionsgrößen verringert oder den Gesamt-Kaloriengehalt etwas reduziert. Aber der Charakter geht verloren, wenn man Gerichte wie dršťková (Kuttelsuppe), svíčková (Rinderfilet in Wurzelrahmsauce), povidlové taštičky (Powidltascherln) oder škubánky (Kartoffelnockerln mit Mohn und Zucker) nicht mehr auftischt und Geräte statt Handwerk in der Küche dominieren, wie das in modernen Küchen leider viel zu oft der Fall ist.

Die sich ständig ändernden Lebensumstände, die immer wieder neue Ernährungsgewohnheiten erfordern, führten begreiflicherweise dazu, dass nicht alles aus dem Reichtum der altböhmischen Küche in die heutige Zeit hinüberzuretten war – leider auch nicht mit Hilfe mündlicher Überlieferung oder Rettigovás Buch. Aber immerhin haben die heutigen Köche die Möglichkeit, die Wirren der 50er bis 90er Jahre vergangenen Jahrhunderts vergessen zu machen und mit einer neu interpretierten Böhmischen Küche diese auch in Zukunft mit ihrer unverwechselbaren Handschrift versehen aufzutischen und somit zu altem Glanz zurückzuführen. Denn eine Bereicherung für unseren Speiseplan sind diese alten Rezepte in jedem Fall und für Leib und Seele sowieso. Aber das Wissen um die traditionelle Regionalküche wird nur dann erhalten, wenn die Rezepte auch weiterhin – vor allem in den Haushalten – bewahrt werden, was anders gesagt bedeutet: Die Böhmische Küche lebt nur weiter, wenn sie auch gekocht und genossen wird!

Vorspeisen und Salate

Wenn man die Böhmische Küche genau betrachtet, so wird einem auffallen, dass – abgesehen von Suppen – den Vorspeisen nicht sehr viel Bedeutung beigemessen wird … man kommt hier gerne gleich zur Hauptsache. Allerdings gibt es eine ganze Reihe von köstlichen Kleingerichten, die zumeist als Imbiss zum Bier genossen werden, aber auch gerne als Vorspeise dienen dürfen.

Wenn Böhmen von Vorspeisen sprechen, dann ist das nicht selten gleichbedeutend mit Beef Tatar und/oder Gänseleber (in Schmalz eingelegt oder als Pastete), doch auch die topinky (geröstetes Brot mit eingeriebenen Knoblauch) sind ein unverzichtbarer Bestandteil der hiesigen Küche. Sehr beliebt sind auch die utopenci, eingelegte Würstchen (ähnlich der Knackwurst, nur weicher), die sehr gerne als Imbiss zum Bier genossen werden und früher in jeder Bierschenke in großen Gläsern abgefüllt zum Genuss angeboten wurden.

Geröstetes Knoblauchbrot

Topinky

4 Scheiben dunkles Bauernbrot • ca. 10 Knoblauchzehen • Schweine- oder Butterschmalz • Salz

* Die Brotscheiben mit 2/3 vom gepressten Knoblauch beidseitig einreiben. Danach die Knoblauchbrote in einer Pfanne in etwas heißem Schmalz beidseitig goldbraun rösten.
* Brotscheiben salzen, mit dem restlichen gehackten Knoblauch bestreuen und als Imbiss zum Bier reichen.

Kalte gefüllte Paprika

Plněná paprika na studeno

8 weiße Spitzpaprika • 1 Zwiebel • 2 EL Butter • 300 g Pilze • Salz • Pfeffer • 2 Eier • 250 g gekochtes Rindfleisch • 3 Scheiben Hamburger Speck • Kümmel • Petersilie

* Spitzpaprika putzen, Stängel ausschneiden, weiße Adern und Kerne entfernen.
* Zwiebel klein schneiden, in Butter anschwitzen, klein geschnittene Pilze dazugeben und mitrösten, dann salzen und pfeffern, unter Rühren weich dünsten. 2 Eier dazugeben und fertig braten.
* Rindfleisch und Speck faschieren, würzen und mit der gekühlten Pilz-Ei-Masse vermischen. Anschließend die Spitzpaprika damit füllen.

ČERNÁ HORA

Pilsner Urquell & Budweiser

In Böhmen ist Bier nicht nur Kult, sondern auch Politik, Religion und vor allem Streit, welches denn nun das beste Bier sei: Urquell oder Budweiser sind dabei die häufigste Diskussionsgrundlage, denn es handelt sich bei ihnen um die wohl bekanntesten Biersorten Tschechiens. Alljährlich prüfen Experten der tschechischen Bierakademie und eine Laienjury anlässlich der Biermesse Pivex in Brünn die Angebote, um die besten Biere zu küren.
Bereits seit 1082 wird in Prag Bier gebraut, und ab dem 13. Jahrhundert, als in Böhmen viele neue Städte entstanden, wurde an die königlichen Siedlungen ein besonderes Privileg vergeben: Das Braurecht, das jedem Bürger gestattete, Bier herzustellen und dieses in seinem Umkreis zu verkaufen. Zu diesen privilegierten Städten zählten Pilsen, Budweis und Saaz (Žatec), die Stadt des Hopfens. Aber es gab auch Brauorte, die in Ungnade fielen: Sie wurden kurzerhand abgerissen und aus ihren Steinen Befestigungsmauern errichtet.

Bis 1842 war das Tschechische Bier dunkel und trüb, doch in jenem Jahr brachte eine Brauerei in Pilsen ein helles, klares Bier heraus, das ungewöhnlich schmeckte, aber schon bald viele Freunde hatte. Allerdings kam die Rezeptur (angeblich ursprünglich ein reines Zufallsprodukt) aus dem benachbarten Bayern. Das neue Bier aus Pilsen schmeckte aber vor allem ungewöhnlich gut, und so konnten die nach Pilsner Art gebrauten Biere ihren Siegeszug um die Welt antreten – mit einem Schönheitsfehler: Egal wer weltweit das Original aus Pilsen zu kopieren versuchte (und dafür sogar Saazer Hopfen importierte), es misslang. Bis heute ist der besonders würzige Geschmack des Pilsner Urquell unerreicht. Hopfenton, Herbheit und Malzgeschmack sind beim Pilsner nach wie vor anders als bei anderen Bieren gleicher Brauart.

Ein von der Qualität her ebenbürtiges Bier ist das Budweiser aus der gleichnamigen Stadt in Südböhmen. Es hat wie das Pilsner ebenfalls 12 Grad Stammwürze und ist ein Lagerbier. Und doch schmeckt es ganz anders – Fans dieses Bieres würden auf die Barrikaden gehen, um ihr Budweiser zu verteidigen. Da schon König Ferdinand im Jahre 1531 ein Liebhaber dieses Bieres war und sich das Budweiser an seinen Hof liefern ließ, wirbt die Brauerei (die durch ihren amerikanischen Namensvetter weltberühmt wurde) mit dem Slogan: „Das Bier der Könige!“ Budweiser Bier ist im Vergleich zu Pilsner Urquell übrigens heller, weit weniger herb und weist einen leicht süßlichen Geschmack auf, der von vielen Freunden dieser Marke als trinkanimierende Stilistik empfunden wird.

Krautküchlein
Zelníky

15 g Hefe • 20 g Zucker • 125 ml Milch • 2 Eierdotter (Eigelb) • 60 g Butter • 300 g Mehl • Zitronenschale • Salz • 150 g Schmalz zum Ausbacken
Krautfülle: 300 g Weißkraut (Weißkohl) • Salz • 40 g Schmalz • 30 g Zucker • Pfeffer • 30 g Rosinen • 2 EL steif geschlagenes Schlagobers (Schlagsahne)

* Hefe mit Zucker vermischen und kurz gehen lassen (ca. 15 Minuten). Milch mit Eidottern und zerlassener Butter verrühren.
* Ins Mehl eine Mulde drücken, Zitronenschale, Salz und die vorbereitete Hefe-Zucker-Mischung dazugeben. Alles zu einem Teig kneten und ca. 1 Stunde gehen lassen.
* Für die Fülle Kraut klein schneiden, salzen, gut durchmischen und zugedeckt 1 Stunde ruhen lassen.
* Danach den ausgetretenen Saft abgießen. Im heißen Schmalz das Kraut mit Zucker weich dünsten, salzen, pfeffern und Rosinen sowie Schlagobers unterheben, auskühlen lassen.
* Teig ca. 1 cm dick ausrollen, mit einem Trinkglas Teigräder ausstechen auf die Hälfte jeweils ca. 1 TL der gekühlten Fülle setzen.
* Mit einem zweiten Teigrad zudecken, die Ränder fest zusammendrücken und nochmals ca. 30 Minuten gehen lassen. Dann die Küchlein im heißen Schmalz goldbraun ausbacken, abtropfen lassen und heiß servieren.

Eierschwammerln (Pfifferlinge) mit Paprika
Lišky na paprice

500 g Eierschwammerln (Pfifferlinge) • 2 EL Butter • 1 Zwiebel • 1 EL Paprikapulver • Salz • Kümmel • 1 Tasse Suppe • 250 ml Sauerrahm (saure Sahne) • 2 EL Mehl • Essig

* Eierschwammerln putzen, große Exemplare halbieren oder vierteln. In der heißen Butter Zwiebel rösten, Eierschwammerln dazugeben und mitbraten, mit Paprika, Salz und Kümmel würzen, danach mit der Suppe aufgießen.
* Die Pfanne zudecken und die Schwammerln weich dünsten. Sauerrahm mit Mehl verrühren, in die Schwammerlsauce einrühren und 15 Minuten köcheln lassen.
* Mit Essig und Salz abschmecken.

Champignonaufstrich
Žampionová pomazánka

250 g Champignons (nur die Köpfe) • 300 ml Suppe • 2 rote Paprikaschoten • 100 g Schinken • 250 g feiner Topfen (Quark) • 4 EL Obers (Sahne) • 2 EL Butter • Salz • Petersilie

* Champignonköpfe 15 Minuten in der Suppe kochen. Paprikaschoten bei ca. 250 °C im Ofen braten, bis die Haut schwarz wird, auskühlen lassen und die Haut abziehen.
* Champignons und Paprika hacken. Schinken klein schneiden, alle Zutaten gut vermischen, abschmecken und mit Petersilie bestreuen.

Kartoffelpuffer mit Pilzen
Bramborové placky s houbami

8 große Kartoffeln • 250 ml Milch • 3 Knoblauchzehen • Majoran • Pfeffer • Kümmel • 2 Eier • 30 g getrocknete Pilze • 3 EL Butter • 300 g Mehl • Öl zum Ausbacken

* Rohe, geschälte Kartoffeln reiben, mit kochender Milch übergießen, zerdrückten Knoblauch, Majoran, Pfeffer, Kümmel und Eier untermischen.
* Getrocknete Pilze in Wasser einweichen, nach 15 Minuten ausdrücken, klein schneiden und in Butter dünsten. Dann zur Kartoffelmasse geben.
* Mehl untermischen, bis ein dünner Teig entsteht. Kleine Fladen formen, diese in heißem Öl ausbacken.

Tipp: Je nach Saison kann man auch frische Pilze verwenden.

Schwarzbrottoast mit Pilzen

Houbová topinka

300 g Pilze • 1 Zwiebel • 3 EL Schmalz • Kümmel • 3 Eier • Pfeffer • Salz • Öl zum Rösten • 4 große Schwarzbrotscheiben • Knoblauch • Petersilie

* Pilze und Zwiebel klein schneiden, Zwiebel in heißem Schmalz anschwitzen, Pilze und Kümmel dazugeben, weich dünsten.
* Eier, Pfeffer und Salz dazugeben und fertig braten.
* In einer anderen Pfanne Öl erhitzen und die Brotscheiben darin beidseitig knusprig rösten, anschließend mit gepresstem Knoblauch einreiben und mit den gebratenen Pilzen belegen, mit Petersilie bestreut servieren.

Aufstrich mit Olmützer Quargel

Tvarůžková pomazánka

100 g Emmentaler • 50 g Roquefort • 50 g Gervais-Käse • 1 Packung (100 g) Olmützer Quargel • 1 Zwiebel • etwas Paprikapulver • gemahlener Kümmel

* Emmentaler reiben, alle anderen Käsesorten passieren, fein geschnittene Zwiebel zugeben und mit Paprika- und Kümmel-pulver abschmecken.

Eingelegte Würstchen
Utopenci

4 Knackwürste • 1 Glas Gewürzgurken (1 l) • 2 Zwiebeln • Weinessig (nach Geschmack) • Wacholderbeeren • 2 Lorbeerblätter • Zucker • Senfkörner • Chili

* Die Knackwürste mit einem Zahnstocher mehrmals einstechen, dadurch wirkt die Marinade besser ein. Gurken aus der Lake nehmen, Lake aufbewahren, die Gurken in Streifen schneiden, die Zwiebeln achteln.
* Die Zutaten abwechselnd in große Einmachgläser füllen.
* Die Gurkenlake mit Essig, Wacholder, Lorbeer, Zucker, Senfkörnern und Chili abschmecken und zum Kochen bringen.
* Die Einmachgläser mit der heißen Lake bis zum Rand auffüllen, sofort verschließen, kopfüber aufstellen und abkühlen lassen.
* Nach 2 Tagen sind die Knacker durchgezogen.

Tschechischer Salat
Český salát

150 g Kalbsbraten • 100 g gekochtes Rindfleisch • 4 Znaimer Gurken • 1 Apfel • 50 g weiße Bohnen • 30 g Zwiebeln • 5 g Kapern • 250 g Mayonnaise • 1 TL Senf • 3 EL weißer Balsamico-Essig • Salz • weißer Pfeffer • Radieschen und Zitronenscheiben zum Garnieren

* Fleisch, Gurken und den geschälten, entkernten Apfel in Streifen schneiden.
* Mit Bohnen und klein geschnittenen Zwiebeln vermengen.
* Gehackte Kapern und Mayonaise unterheben, mit Senf, Essig, Salz und Pfeffer abschmecken und 3 Stunden kühlen.
* Mit Radieschen und Zitronenscheiben garnieren.

Beef Tatar
Tatarský biftek

400 g Rinderfilet • 2 Eidotter (Eigelb) • 4 EL fein gehackte Zwiebeln • Pfeffer • Salz • 1 EL Olivenöl • 1 EL fein gehackte Essiggurkerln • 1 EL Brandy

* Das Fleisch von eventuellen Sehnen und Hautteilen befreien und mit einem scharfen Messer so fein wie möglich hacken.
* Alle Zutaten vermischen, abschmecken und 4 gleich große Laibchen formen.

Tipp: Brot in einer Pfanne in Schmalz rösten, danach mit Knoblauch einreiben und dazu reichen.

Tschechisches Sandwich
Chlebíčky

Zutaten pro Portion

2 Sandwich-Scheiben • 2 EL Mayonnaisesalat (Rezept siehe S. 43) • 2 Scheiben Schinken • 2 Znaimer Gurken

* Sandwich-Scheiben mit Mayonnaisesalat bestreichen, mit Schinkenscheiben belegen und mit Gurkenscheiben dekorieren.

Grammel-Kartoffelpuffer
Bramborové placky se škvarky

500 g Kartoffeln • 100 g Zwiebeln • 3 Knoblauchzehen • 250 g Mehl • 4 Eier • 150 g Grammeln (Grieben) • Majoran • Salz • Pfeffer • Butterschmalz zum Ausbacken

* Kartoffeln, Zwiebeln und Knoblauch schälen und fein reiben. Mehl und die 4 Eier dazugeben und zu einem Teig verarbeiten.
* Die Grammeln ganz fein schneiden und in den Teig mischen. Mit Majoran, Salz und Pfeffer würzen, kleine Fladen formen und diese in Butterschmalz dünn ausbacken.

Gebackener Quargel
Smažené tvarůžky

8 Ringe Olmützer Quargel (eine große Packung) • 4 Scheiben Salami • Mehl • 2 EL Milch • Salz • 1 Ei • Brösel (Paniermehl) • Öl zum Ausbacken

* Jeweils zwischen zwei Quargelringe eine Scheibe Salami geben, mit Zahnstochern durchstechen und so fixieren, in Mehl wenden, dann durch das mit Milch und Salz verquirlte Ei ziehen und in Bröseln wenden.
* In heißem Öl auf beiden Seiten goldbraun ausbacken.

Hopfensalat
Salát z chmelíčku

300 g junge Hopfentriebe • Salz • 3 EL Balsamico-Essig • 2 EL Olivenöl • Pfeffer • 20 g Zwiebelringe

* Von den Hopfentrieben den unteren holzigen Teil und die gelben Blätter entfernen, in Salzwasser 20 Minuten kochen.
* Den abgetropften Hopfen auf einer Platte anrichten und mit Essig und Öl beträufeln.
* Mit frisch gemahlenem Pfeffer abschmecken, mit Zwiebelringen garnieren.

Gefüllte Gurken
Kyselé okurky s majonézou

Zutaten für 5 Portionen

5 große Znaimer Gurken • 5 gekochte Eier • 150 g Schinken • 1 Znaimer Gurke • 2–3 EL Mayonnaise • Salz • weißer Pfeffer • Salatblätter

* Gurken längs halbieren und aushöhlen (das Innere für eine andere Zubereitung verwenden).
* Eier schälen, vorsichtig halbieren und die Eidotter herauslösen, die Eiklar hacken. Die Eidotter sowie den Schinken und 1 Gurke mit dem Pürierstab zerkleinern. Mit Mayonnaise binden und mit Salz und Pfeffer abschmecken.
* Die ausgehöhlten Gurken mit dieser Masse füllen und zusammenklappen.
* Die Gurken auf Salatblättern anrichten, mit etwas Mayonnaise und dem gehackten Eiklar garnieren.

Olmützer Quargel

Olomoucké tvarůžky

Auch wenn der aromatische Käse eigentlich aus Mähren stammt (die Stadt Olmütz liegt nämlich nicht in Böhmen, sondern in Mähren), so ist dieser Sauermilchkäse mit Rotschmiere dennoch eine der kulinarischen Ikonen der Böhmischen – genauer ausgedrückt der Tschechischen – Küche schlechthin. Zudem ist der Quargel die einzige typische Käsespezialität Tschechiens. Auch wenn heute verschiedene Käsereien in Deutschland und Österreich ebenfalls „Olmützer Quargel“ herstellen und vertreiben, so wird dies ab 2015 verboten sein, denn der Olmützer Quargel wurde von der EU mit einer Herkunftsbezeichnung geschützt und darf daher ab 2015 nur mehr im angegebenen Gebiet unter dieser Bezeichnung erzeugt werden – alles andere darf dann nicht mehr so bezeichnet werden und wird Handkäse, Harzer oder ähnliche Namen haben.

Der aus Kuhmilch hergestellte Quargel ist besonders aromatisch, hat ein säuerlich-pikantes bis ausgeprägt kräftiges Aroma (das hat er seiner Reife, die bis zu 26 Stunden dauern kann, zu verdanken) und einen markanten Geruch. Er schmeckt am besten mit Zwiebelringen, Kümmel, Essig und Öl angemacht, ist aber auch Bestandteil vieler Aufstriche.

Saazer Hopfen

Žatecký chmel

Žatec (Saaz) ist eine der traditionsreichsten und historisch wichtigsten Städte Tschechiens. In ihrer Umgebung befindet sich sicherlich eines der berühmtesten Hopfenanbaugebiete der Welt, dessen Hopfen seit jeher als Maßstab für Qualität und den Weltmarktpreis gilt. Saazer Hopfen ist maßgeblich für den guten Ruf des Pilsner Urquell (s. S. 28) verantwortlich, dem es seinen typischen Geschmack verleiht.

Saazer Hopfen ist auch als so genannter Aroma-Hopfen bekannt und weist einen besonders feinen, mild-edlen und leicht erdigen Hopfengeschmack auf, deshalb gilt er als Pilsner-König unter den Hopfensorten. Neben den typischen Pilsner-Bieren kann man Saazer Hopfen aber auch sehr gut zur Herstellung von Lagerbieren einsetzen.

Falsches Hirn I
Květák s vejci

1 große Karfiolrose (Blumenkohl) • Salz • 30 g Zwiebeln • 100 g Butter • 10 Eier • Pfeffer

* Den Karfiol in Salzwasser nicht ganz weich kochen. Klein geschnittene Zwiebeln in heißer Butter anrösten.
* Den Karfiol in kleine Stücke schneiden und mit den Zwiebeln ca. 5 Minuten weiterrösten.
* Mit den verquirlten Eiern übergießen und diese stocken lassen, mit Salz und Pfeffer abschmecken.

Falsches Hirn II
Falešný mozeček

1 Zwiebel • 6 EL Butter • 2 Würfel Hefe à 42 g • 6 Eier • Salz • Pfeffer • Petersilie

* Zwiebel klein schneiden, die Butter in einer Pfanne erhitzen und die Zwiebel darin anschwitzen.
* Hefe dazugeben und unter Rühren zergehen lassen, dann so lange braten, bis die Hefe zu riechen beginnt.
* Die Eier mit Salz und Pfeffer verrühren und in die Pfanne zur Hefe geben, wie ein Rührei fertig braten. Mit Petersilie bestreut servieren.

Grammelstrudel
Škvarkový závin

700 ml Milch • 50 g Hefe • 15 g Zucker • 1,5 kg Mehl • 250 g Butter • 100 g Zucker • 3 Eier • Salz • 500 g Grammeln (Grieben) • 1 Eidotter (Eigelb) zum Bestreichen

* In einer Schüssel ein Drittel der lauwarmen Milch mit Hefe und 15 g Zucker verrühren, mit etwas Mehl bestauben und zugedeckt an einem warmen Ort rasten lassen, bis sich grobe Risse zeigen.
* Das restliche Mehl, die restliche Milch, 125 g geschmolzene Butter, Zucker, Eier und Salz zu einem glatten Teig verarbeiten. An einem warmen Ort zugedeckt rasten lassen, bis sich das Teigvolumen verdoppelt hat.
* Danach den Teig auf einer bemehlten Unterlage rechteckig ca. 1 cm dick ausrollen.
* Die Grammeln mit dem Messer zerhacken, auf den Teig streuen und zu einem Strudel einrollen. Diesen mit Eidotter bestreichen und ca. 30 Minuten bei 180 °C goldbraun backen.
* Danach mit der restlichen Butter bestreichen.

Weckerln mit Kraut und Schinken
Brněnské taštičky se zelím a šunkou

Zutaten für ca. 30 Stück

21 g Hefe • 200 ml Milch • 1 EL Zucker • 400 g Mehl • 1 Ei • 50 g Butter • Salz • 400 g Sauerkraut • 200 g Schinken • Kümmel

* In einer Schüssel die Hefe mit 3 EL lauwarmer Milch und Zucker verrühren.
* Mehl, restliche Milch, Ei, geschmolzene Butter und Salz zu einem glatten Teig verarbeiten. Zugedeckt etwa 60 Minuten warm rasten lassen.
* Sauerkraut waschen und klein schneiden, Schinken ebenfalls fein schneiden, beides unter den Teig kneten.
* Teig in ca. 30 g Kugeln aufteilen, aus den Kugeln ovale „Minisemmeln“ formen. Mit Kümmel bestreuen und bei 190 °C 20 Minuten goldbraun backen.

Eierterrine à la Gräfin Karin Brünn
Vajíčková roláda podle hraběnky Karin

6 gekochte Eier • 200 g Schinken • 200 g süß-sauer eingelegte Erbsen und Karotten (aus dem Glas) • 225 g Mayonnaise • Salz • Pfeffer • 30 g Gelatine • 100 ml Suppe • Schnittlauch

* Eier und Schinken klein schneiden, Karotten würflig schneiden.
* Alles mit Mayonnaise vermengen und mit Salz und Pfeffer abschmecken.
* Die Gelatine in kaltem Wasser einweichen, ausdrücken und in der lauwarmen Suppe auflösen, Schnittlauch hinzugeben, vorsichtig unter die Eier-Masse heben.
* Eine Kastenform mit Frischhaltefolie auslegen und die Masse einfüllen, 2 Stunden kalt stellen.
* Danach die Terrine vorsichtig mit Hilfe der Frischhaltefolie aus der Form lösen und in Scheiben geschnitten servieren.

Kalte Gänseleber
Husí játra na studeno

1 Gänseleber • 125 ml Milch • 2 Gewürznelken • 120 g Gänsefett

* Leber einen Tag in Milch einlegen, dann mit den Gewürznelken spicken.
* Leber in einen kleinen, hohen Topf geben, das Gänsefett klein schneiden und dazugeben, mit so viel kaltem Wasser auffüllen, dass die Leber bedeckt ist. Zugedeckt langsam dünsten (die Leber ist fertig, wenn das zerlassene Gänsefett am Topfrand leicht braun wird), Gewürznelken entfernen.
* Die Leber in eine passende Porzellanschüssel geben, und mit dem zerlassenen Gänsefett ganz bedecken, danach auskühlen lassen.

Tipp: Man kann mit der Leber auch eine Zwiebel oder einen Apfel mitdünsten und dann entfernen. Mit Schwarz- oder Zwiebelbrot servieren.

Gänseleber im Schmalz

Játra z krmené husy

ca. 700 g Gänseleber • 150 ml Milch • 30 g Mandelstifte • 4 Gewürznelken • 150 g Gänseschmalz

* Leber in Milch waschen, 1 Tag in Milch einlegen, danach mit Mandelstiften und Nelken spicken.
* Leber in eine Bratform geben und mit dem Gänseschmalz im Backofen bei 160 °C langsam ca. 45 Minuten braten.
* Die Gewürznelken entfernen, die Leber in Scheiben schneiden, salzen und warm (oder auch kalt) servieren.

Tipp: Die Leber kann auch mit Schmalz übergossen serviert und lauwarm mit Schwarzbrot genossen werden.

Gefüllter Gänsehals
Plněný husí krk

Gänsehals • 500 g Gänseleber • 20 g Butter • 40 g Semmeln • Salz • Pfeffer • 1 Knoblauchzehe • 2 EL Gänseschmalz • Muskatnuss • abgeriebene Zitronenschale • 1 EL Sherry

* Vom Gänsehals die Haut abziehen und an einem Ende zunähen.
* Leber in Butter weich dünsten und danach passieren.
* In Wasser eingeweichte und anschließend ausgedrückte Semmeln, Salz, Pfeffer, zerdrückten Knoblauch, Gänseschmalz, Muskatnuss, Zitronenschale und Sherry dazugeben, gut vermischen und abschmecken.
* Die Gänsehals-Haut mit dieser Masse füllen und auch das andere Ende zunähen, in einen Bräter geben, mit etwas Wasser aufgießen und bei 160 °C ca. 20–30 Minuten goldbraun knusprig braten.
* In Scheiben schneiden und mit Stampfkartoffeln und Salat servieren oder kalt essen.

Tipp: Als Variante kann man anstatt der Leber auch Faschiertes verwenden.

Böhmischer Mayonnaisesalat
Český bramborový salát

300 g gekochte Kartoffeln (bevorzugt Kipfler) • 4 Znaimer Gurken • 1 Apfel • 100 g Schinken • 20 g Zwiebel • 100 g gekochte Karotten • 250 g fertige Mayonnaise • 100 g Erbsen • Estragonsenf • Kren • Salz • weißer Pfeffer

* Kartoffeln, Gurken, Apfel, Schinken, Zwiebel und Karotten klein schneiden und mit der Mayonnaise vermengen, Erbsen untermischen.
* Mit Senf, Kren, Salz und Pfeffer abschmecken (eventuell auch zuckern, falls gewünscht). Salat mindestens 3 Stunden ziehen lassen (nach einem Tag Durchziehen wird er sogar noch besser).

Dieser Salat wird zu Weihnachten zum gebackenen Karpfen gereicht.
Auch für tschechische Sandwich-Brötchen ist er ein Muss.

Gefüllte Eier auf Salat
Vaječný salát

4 hart gekochte Eier • 125 g Schinken • 1 Znaimer Gurke • 2 EL Mayonnaise • Salz • weißer Pfeffer
***Garnitur:* Vogerlsalat (Feldsalat) • Radieschen • Tomaten**

* Eier schälen, halbieren und Eidotter (Eigelbe) vorsichtig herauslösen.
* Passierte Eidotter mit faschiertem Schinken, fein gehackter Gurke und Mayonnaise vermengen, mit Salz und Pfeffer abschmecken.
* Die Eiweißhälften mit dieser Masse füllen.
* Eine Glasplatte mit Vogerlsalat belegen, Eier darauf platzieren und mit Radieschen und Tomaten garnieren.

Hasensalat aus der Walachei
Zaječí salát z Valašska

250 g gebratenes Hasenfleisch • 100 g marinierter Aal • 50 g Sardellen • 5 Kapern • 6 schwarze Oliven • 10 Znaimer Gurken • 4 EL eingelegte Champignons • 2 gekochte Eidotter (Eigelb) • 100 g Nussöl • Essig • Petersilie • 1 EL französischer Senf • Salz • weißer Pfeffer

* Fleisch und Aal in kleine Würfel schneiden. Sardellen, Kapern und Oliven fein hacken, Gurken und Champignons blättrig schneiden. Alles gut miteinander vermischen.
* In einer Schüssel die gekochten Eidotter mit Öl verrühren. Mit Essig, gehackter Petersilie, Senf, Salz und Pfeffer abschmecken (die Sauce sollte nicht zu dickflüssig sein, eventuell mit Essig und Senf verdünnen).
* Die übrigen vorbereiteten Zutaten mit der Sauce übergießen und servieren.

Suppen und Eintöpfe

Ohne sättigende Suppen und Eintöpfe wäre die böhmische Küche, insbesondere in den ländlichen Regionen, schlicht und einfach undenkbar. Neben deftigen Fleischgerichten und allerlei Knödelvariationen bilden sie das Herz der Hausmannskost und sollten vorzugsweise auf einer Einbrenn (Mehlschwitze) basieren, damit sie ordentlich Saft und Kraft spenden.

Zwei Suppenrezepte gelangten dabei zu internationaler Anerkennung: Die eine ist die kulajda (eine kräftige südböhmische Pilzrahmsuppe mit Dill, die auch mit einem pochierten Ei serviert werden kann), bei der anderen handelt es sich um die dršťková polévka, jene unvergleichlich wohlschmeckende Kuttelsuppe, die auch weit über die Landesgrenzen hinaus geliebt wird (so ist sie z. B. ein Fixpunkt auf der Speisekarte des weltberühmten Stelzen- und Biergartenrestaurants „Schweizerhaus" im Wiener Prater).

Pilzsuppe mit Kartoffeln
Kulajda 1

ca. 1 l Wasser • Salz • 50 g getrocknete Pilze • 1 Zwiebel • Kümmel • 4 Kartoffeln • 2 Pfefferkörner • 1 Lorbeerblatt • 250 ml Sauerrahm (saure Sahne) • 3 EL Mehl • 4 Eier • Dille

- In Salzwasser Pilze, Zwiebel und Kümmel zustellen und 30 Minuten kochen.
- Dann die würfelig geschnittenen Kartoffeln und Gewürze zugeben.
- Sauerrahm mit Mehl verquirlen und langsam in die Suppe einrühren, danach noch kurz aufkochen lassen.
- Mit gekochten Eiern und Dille dekorieren.

Pilzsuppe
Kulajda 2

250 g frische Pilze • 2 EL Öl • 50 g Mehl • 1 EL Öl • 700 ml Wasser • ½ TL Kümmel • Essig • Zucker • Dille • 200 ml Sauerrahm (Saure Sahne)

- Geputzte und blättrig geschnittene Pilze in heißem Öl dünsten.
- Mehl in heißem Öl anschwitzen, mit Wasser aufgießen, gut verrühren und ca. 15 Minuten kochen.
- Dann die Pilze dazugeben, mit Kümmel, Essig, Zucker und fein gehackter Dille kurz aufkochen.
- Mit Sauerrahm verfeinern (soll nicht mehr kochen!).

Graupensuppe (Rollgerstensuppe)
Kroupová polévka

40 g Graupen (Rollgerste) • 80 g Suppengemüse • Salz • 40 g Butter • 40 g Mehl • 10 g Butter • 75 g frische Steinpilze (oder 10 g getrocknete Pilze) • 1 Eidotter • 60 ml Milch • Petersilie • Pfeffer

- Graupen mit Suppengemüse in Salzwasser weich kochen, anschließend passieren.
- Aus Butter und Mehl eine helle Einbrenn bereiten, mit der passierten Suppe aufgießen.
- In Butter gedünstete (oder getrocknete, in Milch gekochte Pilze) dazugeben.
- Eidotter mit der Milch verrühren und zur Suppe geben, kurz aufkochen lassen, mit Petersilie und Pfeffer abschmecken.

Kartoffelsuppe mit Pilzen
Bramborová polévka

20–25 g getrocknete Pilze (vorzugsweise Steinpilze, ersatzweise 250 g frische Champignons) • 500 g mehlige Kartoffeln • 1 Bund Suppengrün • 200–250 g geräucherter Speck • Kümmel und Majoran nach Geschmack • 1,5 l Fleischsuppe • 1 große Zwiebel • 2 Knoblauchzehen • 50 g Butter • 50 g Mehl • Salz und Pfeffer aus der Mühle • 250 ml Sauerrahm (saure Sahne) • 1 Eidotter (Eigelb) • Petersilie

* Die Pilze über Nacht einweichen und quellen lassen (ergeben ca. 200–250 g).
* Kartoffeln schälen und würfeln, Suppengrün putzen und klein schneiden, den Speck ebenfalls würfeln.
* Pilze, Kartoffeln, Suppengrün und Speck sowie Kümmel und Majoran mit der Fleischsuppe zum Kochen bringen und 20 Minuten köcheln lassen.
* Gehackte Zwiebel und Knoblauchzehen in der Butter goldbraun rösten, mit Mehl stauben und die Einbrenn durch ein Sieb in die Suppe streichen, gut verrühren und abschmecken.
* Kurz vor dem Servieren den Sauerrahm mit Eidotter versprudeln, die Suppe vom Herd nehmen, mit der Eiermischung legieren, nochmals abschmecken und mit gehackter Petersilie bestreut auftischen.

Kartoffelsuppe mit Erbsen

Bramborová polévka s hrachem

250 g Kartoffeln • 80 g Suppengemüse • 20 g Graupen (Rollgerste) • 1,5 l Wasser • Salz • 250 g Zuckererbsen • 40 g Butter • 20 g Zwiebeln • 40 g Mehl • 1 Knoblauchzehe • Majoran • Pfeffer
***Einlage:* 100 g frische Pilze • 10 g Butter**

* Geschälte, würfelig geschnittene Kartoffeln mit geputztem Suppengemüse und Graupen im Salzwasser kochen.
* Zum Schluss mit den Erbsen kurz aufkochen.
* Aus Butter, fein gehackten Zwiebeln und Mehl eine Einbrenn (Mehlschwitze) bereiten, mit der Suppe samt Gemüse und Graupen aufgießen, gut verrühren, aufkochen und pürieren.
* Die Suppe mit gepresstem Knoblauch, Majoran und Pfeffer abschmecken.
* Für die Einlage Pilze putzen und klein schneiden, in Butter dünsten und zur Suppe geben (man kann auch getrocknete Pilze verwenden, diese werden in etwas Milch gekocht und dann zur Suppe gegeben).

Kuttelsuppe

Dršťková polévka

3 EL Öl • 1 mittlere Zwiebel • 80 g Mehl • 800 ml Wasser • 1 Suppenwürfel • 2 EL Paprikapulver • 1 EL Öl • 500 g gekochte Kutteln • 4 Knoblauchzehen • Majoran • Salz • scharfes Paprikapulver • Schnittlauch

* Aus Öl, fein geschnittener Zwiebel und Mehl eine Einbrenn bereiten, mit Wasser aufgießen, Suppenwürfel dazugeben und 10 Minuten kochen lassen.
* Paprikapulver im heißen Öl anschwitzen und mit den klein geschnittenen Kutteln zur Suppe geben.
* Suppe mit Knoblauch, Majoran, Salz und scharfem Paprika abschmecken und mit Schnittlauch garniert anrichten.

Biersuppe
Pivní polévka

6 Eidotter (Eigelb) • ca. 100 g Zucker • 1 l Bier • 20 g Butter • etwas Zitronensaft

* Eidotter mit Zucker (Menge je nach dem Geschmack des Bieres) und Bier aufschlagen.
* Topf auf den Herd stellen und unter Rühren vorsichtig erwärmen – nicht kochen!
* Mit Butter und eventuell mit Zitronensaft abschmecken.

Biersuppe
Gramatika

2 altbackene Semmeln (Brötchen) oder 100 g altbackenes Brot • 1 l Bier • Kümmel • Salz • ca. 80 g Zucker (je nach Bitterkeit des Biers) • 40 g Butter • 4 Eidotter (Eigelb) • ½ Tasse Obers (Sahne) • nach Belieben je 1 Prise Ingwer und abgeriebene Zitronenschale

* Die Semmeln oder das Brot reiben, mit dem Bier übergießen, den Kümmel, das Salz, den Zucker und die frische Butter hinzugeben, etwa eine halbe Stunde kochen.
* Die Eidotter mit Obers gut verquirlen und unter ständigem Rühren in die Suppe gießen, noch ganz kurz aufkochen. Nach Belieben mit Ingwer und/oder mit geriebener Zitronenschale abschmecken.

Saure-Milch-Suppe mit Pilzen
Houbová polévka / kulajda

3 große Kartoffeln • Salz • 1 EL Mehl • 500 ml Sauermilch • 1 TL Butter • 75 g frische Pilze • Kümmel • 125 ml Obers (Sahne) • 1–2 Eidotter (Eigelb) • Dille

* Kartoffelwürfel in Salzwasser halb gar kochen. Mehl in Sauermilch glatt rühren, mit in Butter gedünsteten Pilzen und Kümmel zur Suppe geben und fertig kochen.
* Obers mit Eidottern glatt rühren und in die Suppe einrühren, nicht mehr kochen! Mit gehackter Dille garniert servieren.

BUDWEISER BUDVAR
Budweiser Budvar

Knoblauchsuppe 1

Česneková polévka / Oukrop

Salz • 4 Knoblauchzehen • 250 g Kartoffeln • Kümmel • Majoran • frischer Ingwer • 30 g Schmalz (am besten Gänseschmalz) • 1,25 l Wasser • 1 Scheibe altes Brot • 10 g Schmalz • Pfeffer

* Mit Salz zerdrückten Knoblauch, Kartoffelwürfel, Kümmel, Majoran, Ingwer und Schmalz im Wasser kochen.
* Das Brot in Würfel schneiden und im Schmalz rösten, in die Suppe geben und mit Pfeffer abschmecken.

Knoblauchsuppe 2

Česneková polévka

12 Knoblauchzehen • Salz • 2 Scheiben Brot • 2 EL Schmalz • 700 ml Rindsuppe • Petersilie

* Knoblauch mit Salz zerdrücken. Brot in Würfel schneiden, diese im Schmalz rösten.
* Knoblauch und die Brotwürfel in Tellern anrichten, mit heißer Suppe aufgießen und mit Petersilie garnieren.

Tipp: Man kann auch gekochte Kartoffelwürfel, klein geschnittenes Geselchtes, Wurststücke oder gerührtes Ei dazugeben.

Knoblauchsuppe 3

Česnečka

40 g fetten Speck • 80 g gekochtes Geselchtes • Knoblauch (nach Belieben) • 2 Eier • 1 l Rindsuppe • 20 g Schweineschmalz • 1 Scheibe Brot • Salz

* Im ausgelassenen Speck klein geschnittenes Geselchtes anbraten und dieses auf 4 Teller aufteilen. Zerdrückten Knoblauch und rohe verquirlte Eier dazugeben.
* Mit heißer Suppe aufgießen und zum Schluss mit in Schmalz gerösteten Brotwürfeln vollenden, bei Bedarf salzen.

Krautsuppe Ziegenbart (Kohlsuppe)
Kozí brada

200 g frisches Weißkraut (Weißkohl) • 120 g Kartoffeln • Kümmel • 1 l Suppe • 150 ml Obers (Sahne) • 40 g Mehl • 40 g Hamburger Speck • 100 g Beskidenwurst • 20 g • Pfeffer • Essig •Butter

* Das Kraut in lange Streifen schneiden, Kartoffeln in Würfel schneiden und mit Kümmel gemeinsam in der Suppe kochen.
* Obers mit Mehl verrühren und in die fertig gekochte Suppe einrühren, kurz aufkochen lassen.
* Speck in Würfel schneiden, in einer heißen Pfanne auslassen und die würfelig geschnittenen Wurst darin knusprig anbraten. Mit Pfeffer und Essig abschmecken und die Butter dazugeben.

Buttermilchsuppe
Podmáslová polévka s bramborami

1,2 l Buttermilch • Salz • Kümmel • 1 Ei • 20 g Butter • 400 g gekochte Kartoffeln • Dille

* Die Buttermilch mit Salz und Kümmel zum Kochen bringen, in die kochende Suppe das Ei und die Butter einrühren.
* Die Kartoffeln blättrig oder würfelig schneiden, auf die Teller aufteilen, mit der Suppe aufgießen und mit Dille dekorieren.

Südmährische Salzgurkensuppe
Polévka z okurek ve slaném nálevu

400 g Kartoffeln • 1,25 l Wasser • Kümmel • Salz • 2–3 Salzgurken • 125 ml Sauerrahm (saure Sahne) • 1 EL glattes Mehl • Dille oder Bohnenkraut • eventuell etwas Zucker oder Gurkenlake

* Die Kartoffeln waschen, schälen, in kleine Stücke schneiden und mit Wasser übergießen, Kümmel und Salz hinzufügen, halb weich kochen.
* Danach die in Scheiben geschnittenen Salzgurken zugeben. Alles so lange kochen, bis die Kartoffeln weich sind. Sauerrahm mit Mehl verquirlen, zur Suppe gießen und gut verrühren, die fein gehackte Dille oder das Bohnenkraut zugeben und noch kurz aufkochen lassen. Die Suppe entweder mit Zucker süßen oder mit Gurkenlake säuern und nach Bedarf nachsalzen.

Geselchte Suppe mit Milch
Polévka z uzeného masa s mlékem

800 ml Kochsud von geselchtem Fleisch (Räucherfleisch) • 400 ml Milch • 400 g gekochte Kartoffeln

* Den heißen Kochsud vom Geselchten mit der heißen Milch und den blättrig geschnittenen Kartoffeln vermischen.

Suppe aus der Walachei
polévka z Valašska

40 g Butter • 40 g Zwiebeln • 20 g Mehl • 800 ml Rindsuppe • 50 g frische Pilze oder 15 g getrocknete Pilze • 200 g Kartoffeln • 120 g Buchweizen • 2 Eier • Salz • Dille

* Aus Butter, Zwiebeln und Mehl eine helle Einbrenn zubereiten, mit Suppe aufgießen, die Pilze dazugeben und 30 Minuten kochen.
* Würfelig geschnittene Kartoffeln dazugeben und weitere 10 Minuten kochen.
* Zum Schluss den gewaschenen Buchweizen zugeben und mitkochen – aber nur kurz (der Buchweizen soll ganz bleiben und nicht verkochen; einfach probieren, ob er gar ist). Mit den verquirlten Eiern binden, salzen und mit fein gehackter Dille servieren.

Metzelsuppe
Trdlovka

1 l Sud (vom Kochen einer Schweinehaxe oder eines Schweinekopfs) • 4 EL gekochte Graupen (Rollgerste) • 1 Blutwurst (oder eine Tasse Schweineblut und ½ Zwiebel) • Kümmel • Salz • 1 Knoblauchzehe • Pfeffer • Majoran

* In den klaren Kochsud die gekochten Graupen und eine Blutwurst (oder das mit etwas Zwiebel gedünstete Schweineblut) mit zerstoßenem Kümmel hineingeben, aufkochen lassen und mit dem in ein wenig Salz zerdrückten Knoblauch, Pfeffer und Majoran abschmecken.

Tipp: In die Suppe kann man auch klein geschnittenes Fleisch von der gekochten Haxe oder dem Kopf geben.

Katzenhochzeit: Erbsen mit Graupen (Rollgerste)

Kočičí svatba

200 g Graupen (Rollgerste) • 200 g Trockenerbsen • Salz • 2 EL Schweineschmalz • 150 g Schweinegrammeln (Grieben) • eventuell etwas Knoblauch

* Die Graupen einige Stunden vor der Zubereitung in kaltem Wasser ansetzen, dann das Wasser abgießen und die Graupen mit der doppelten Menge an kochendem Salzwasser übergießen, weich kochen. Die Erbsen gesondert weich kochen. Die gekochten Erbsen und Graupen vermengen, salzen, in heißem Schmalz schwenken und die Grammeln untermengen, eventuell mit zerdrücktem Knoblauch abschmecken.
* Mit Sauerkrautsalat oder mit sauren Gurken servieren.

Variante: Dieses Gericht wird auch gerne mit Linsen statt Trockenerbsen zubereitet.

Fischsuppe – eine Weihnachtssuppe

Rybí polévka

200 g Suppengemüse (mit großem Sellerieanteil!) • 40 g Butter • 50 g Mehl • Salz • 1,5 l Wasser • 500 g Karpfenköpfe und -karkassen • 40 g Zwiebeln • 150 g Karfiol (Blumenkohl) • Essig • 40 g Butter • 300 g Fischrogen • Muskatnuss • weißer Pfeffer • 80 g Semmelwürfel (Weißbrotwürfel) • 10 g Butter • Petersilie

* Gemüse fein reiben und in Butter rösten, mit Mehl einbrennen.
* In Salzwasser die Fischabschnitte, Zwiebeln und Karfiol mit einem Spritzer Essig ca. 10 Minuten kochen.
* Das Fischfleisch von den Gräten lösen und mit dem abgeseihten Fischfond zum gerösteten Gemüse geben.
* In heißer Butter den Fischrogen braten, bis dieser ganz knackig ist, dann in die Suppe geben, mit Salz, Muskatnuss und weißem Pfeffer abschmecken.
* Zum Schluss Semmelwürfeln in Butter rösten. Die Suppe mit den reschen Semmelwürfeln und Petersilie servieren.

Gänsekleinsuppe
Polévka z husích drůbků

Gänseklein • 80 g Suppengemüse • Salz • 40 g Butter • 50 g Mehl • ½ Karfiolrose (Blumenkohl) • 60–75 g Steinpilze oder Champignons • 10 g Butter • Muskatnuss • Petersilie

* Gänseklein und Gemüse in Salzwasser ca. 2 Stunden weich kochen.
* Aus Butter und Mehl eine helle Einbrenn herstellen, mit dem Kochwasser vom Gänseklein aufgießen, verkochen lassen und anschließend das gekochte Gänseklein mit dem Gemüse, den Karfiolstücken und den in Butter gebratenen Pilzen verfeinern.
* Alles kurz aufkochen, bis der Karfiol gar ist, dann mit Muskatnuss und Petersilie abschmecken.

Südböhmischer Fischereintopf
Jihočeská rybí polévka

Zutaten für 8 Portionen

1 Hand voll gehackte Zwiebeln • 3 Knoblauchzehen • 1 Hand voll Karotten- und Selleriewürfel • 1 Hand voll gewürfelter Speck • 2 EL Schweineschmalz • 1 Lorbeerblatt • 3 Wacholderbeeren • 1 EL Zucker • 400 g abgetropftes, grob gehacktes Sauerkraut • 2 l Fischfond (bzw. vorzugsweise Fond aus geräucherten Fischen) • 2 EL Mehl • 250 ml Sauerrahm (saure Sahne) • 600 g Räucherfischfleisch (Karpfen und Forelle) • Essig nach Geschmack • Salz und Pfeffer aus der Mühle

* Zwiebeln, Knoblauch, Karotten- und Selleriewürfel sowie Speck im Schmalz goldbraun anbraten, dann Lorbeer, Wacholder und Zucker zugeben.
* Wenn der Zucker leicht karamellisiert ist, das gehackte Kraut hinzufügen und ebenfalls leicht bräunen. Alles mit dem Fischfond aufgießen und zugedeckt etwa 2 Stunden leise köcheln lassen, bei Bedarf Wasser nachfüllen.
* Suppe vom Herd nehmen, Mehl mit Sauerrahm verrühren und durch ein Sieb in die Suppe einrühren, wieder auf den Herd stellen und kurz aufkochen lassen.
* Dann das grob zerteilte Räucherfischfleisch untermischen, mit Essig, Salz und Pfeffer abschmecken und sofort mit knusprigem Schwarzbrot auftischen.

Karpfen und kaum andere Fische

Der Karpfen gehört zu Böhmen wie die Gans und das Schwein. Nicht umsonst wird der Karpfen auch als das „Schwein des Wassers" tituliert. Zentrum der Karpfenzucht ist Südböhmen, von wo auch die meisten Rezepte für den schmackhaften Süßwasserfisch stammen.

Der köstliche Fisch wird heute aber leider meist unterschätzt und in der Küche viel zu wenig beachtet, dabei kann er eine der erlesensten Delikatessen der Welt darstellen. Neben dem berühmten Schwarzbierkarpfen ist der „Gebackene Karpfen" sicher ein absoluter Klassiker der Böhmischen Küche, die aber noch so einige andere wunderbare Fischschmankerln aufzutischen weiß.

Gabelbissen vom Karpfen

1 küchenfertiger Karpfen (ca. 1–1,5 kg) • 12 Blatt Gelatine • 2 EL Essig • 1 TL Salz • 1 Bund Suppengrün • 1 Lorbeerblatt • einige Pfefferkörner • 2 unbehandelte Zitronen • 1 Eiklar (Eiweiß) • Mayonnaise zum Garnieren

* Karpfen in Portionsstücke teilen. Die Gelatine in kaltem Wasser einweichen. Aus zwei Litern Wasser, Essig, Salz, Suppengrün, Lorbeerblatt, Pfefferkörnern und dem Saft von 1 Zitrone einen Sud kochen. Die zweite Zitrone in Scheiben schneiden.
* Karpfenstücke im Sud pochieren, dann aus dem Sud nehmen und in kleinen Formen mittig anordnen. Den Fischsud abseihen, mit dem leicht angeschlagenen Eiklar klären und nochmals filtern; danach die eingeweichte und ausgedrückte Gelatine im Sud auflösen und anschließend die Flüssigkeit auskühlen lassen.
* Fischstücke mit Zitronenscheiben belegen und die Mayonnaise mit einem Dressiersack tupfenweise um den Fisch herum in die Formen dressieren. Alles vorsichtig mit dem Aspik übergießen und im Kühlschrank fest werden lassen.

Tipp: Man kann die fertigen Gabelbissen mit knusprig gebratenen Speckwürfeln oder mit gewürfelter saurer Gurke oder mit Zwiebelringen und Forellenkaviar garnieren.

Karpfen gebacken

Smažený kapr

800 g Karpfen • Salz • 100 g Mehl • 3 Eier • 200 g Semmelbrösel (Paniermehl) • 250 g Butterschmalz • Zitronenspalten • Petersilie

* Karpfen in Hufeisenform schneiden. Kräftig salzen und in Mehl, verschlagenen Eiern und Semmelbröseln panieren.
* Schwimmend in heißem Butterschmalz beidseitig langsam goldbraun backen.
* Mit Zitronenspalten und Petersilie dekorieren.

In Tschechien wird Karpfen mit frisch gerissenem Kren serviert, das schmeckt ausgezeichnet. Das ist das traditionelle Weihnachtsessen – Karpfen mit böhmischem Kartoffelsalat und Kren. Mitunter wird in Südböhmen der Kren auch mit Essig verrührt.

Karpfen in Aspik

Kapr v aspiku

2 Kalbsfüße • 1,5–2 l Wasser • 1,5 kg Karpfen • 125 ml Essig • ½ kleine Sellerieknolle • 1 kleine Petersilienwurzel • 1 kleine Karotte • 2 mittelgroße Zwiebeln • 10 Pfefferkörner • 6 Pimentkörner • 1 Lorbeerblatt • 60 g Gelatine • 2 Eiklar (Eiweiß) • Salz • Zitrone

* Einen Tag zuvor die Kalbsfüße in Wasser sehr weich kochen, den entstandenen Sud durchseihen und auskühlen lassen. Den erstarrten Sud nach dem Entfernen des Fettes in einem Kochtopf erhitzen, in dem der Karpfen gekocht werden soll. In diese Flüssigkeit den Essig, das geputzte Gemüse, die Zwiebeln sowie die Gewürze geben und alles etwa eine Viertelstunde kochen.
* Den geputzten und portionierten Karpfen mit der Haut nach oben in einen Topf legen und mit dem heißen Sud begießen. Nach einer Weile die Portionen salzen und umdrehen, so dass die Haut unten ist. Auf den Herd stellen, etwa 15 Minuten lang leise köcheln und im Sud auskühlen lassen.
* Die kalten Karpfenportionen in einer tiefen, passend großen Schüssel mit der Haut nach oben anrichten. Den Sud durchseihen, die in etwas kaltem Wasser eingeweichte Gelatine einrühren. Die Eiklar zu dünnem Schnee verschlagen und mit diesem den Sud klären. Unter ständigem Rühren mit dem Schneebesen zum Kochen bringen, gleich abstellen und absetzen lassen. Nach einer Viertelstunde durch ein Leinentuch seihen. Die Karpfenstücke mit gekochten, beliebigen Gemüsestücken und dünnen Zitronenscheiben garnieren, mit dem Aspik auffüllen und erstarren lassen.
* Mit Zitronenschnitzen servieren.

Hinweis: Man kann auch ganze Karpfenfilets verwenden.

Marinierter Karpfen
Marinovaný kapr

1 küchenfertiger Karpfen (ca. 1,5 kg) • 1 Karotte • ½ kleine Sellerieknolle • 1 Zwiebel • 50–75 g grüne Erbsen • 1 große saure Gurke • 500 g Mayonnaise • 1 Schuss Weißwein • Saft von 1 Zitrone • Zucker • Salz und Pfeffer aus der Mühle

* Den Karpfen in Salzwasser garen. Karotte, Sellerie und Zwiebel in feine Streifen schneiden, in kochendem Wasser blanchieren, abtropfen und erkalten lassen. Die Erbsen in Salzwasser garen, Gurke in schmale Streifen schneiden. Erbsen und Gurken zum Gemüse geben und alles mit Mayonnaise, Weißwein, Zitronensaft, Zucker, Salz und Pfeffer abschmecken.
* Haut und Gräten vom gegarten Karpfen entfernen, Karpfen in Portionsstücke schneiden und in der Marinade einige Stunden ziehen lassen. Mit geröstetem Brot auftischen.

Würstchen aus Karpfen
Kapří párky

600 g gedünsteter Karpfen (oder ein anderer Süßwasserfisch) • 1 EL Butter • ½ Zwiebel • 1 ½ EL Mehl • 1 Tasse Milch • 2 Eier • Petersilie • Salz und Pfeffer • Semmelbrösel (Paniermehl) nach Bedarf • Öl oder Fett zum Ausbacken • Butter und Zitronensaft

* Den gedünsteten Fisch entgräten und fein hacken. In der Butter die zerkleinerte Zwiebel glasig dünsten, das Mehl hinzufügen und eine helle Einbrenn (Mehlschwitze) zubereiten. Diese mit der Milch übergießen, salzen und unter ständigem Rühren durchkochen, bis die Masse cremig wird. In die halb ausgekühlte Masse die Eidotter (Eigelbe) die fein gehackte Petersilie und den gehackten Fisch unterrühren, pfeffern, nach Bedarf noch salzen und mit Semmelbröseln binden. Auf einem mit Bröseln bestreuten Küchenbrett aus dieser Masse kleine Würstchen (Rollen) formen. Diese im mit 2–3 Esslöffeln Milch gestreckten verschlagenen Eiklar wälzen und in Bröseln wenden, dann im heißen Fett ausbacken, abtropfen lassen und vor dem Servieren mit zerlassener Butter und mit einigen Tropfen Zitronensaft bestreichen.
* Mit Kartoffelpüree oder mit Kartoffelsalat servieren.

Karpfen in Rahmsauce
Kapr pečený na smetaně

4 Karpfenfilets (ca. 800 g) • Salz • 1 EL Butter • 50 g Zwiebeln • Petersilie • 125 ml Sauerrahm (saure Sahne) • Sardellenpaste

* Karpfenfilets salzen, in Butter beidseitig langsam knusprig braten und herausnehmen.
* In dieser Butter die klein geschnittenen Zwiebeln anrösten und den Fisch wieder dazugeben, mit Petersilie bestreuen und 10 Minuten braten.
* Sauerrahm mit Sardellenpaste vermischen, unter die Sauce rühren und durchkochen.

Als Beilagen passen Kartoffelpüree mit gerösteten Bröseln bestreut sowie Blattsalat mit Tomaten.

Tipp: Auch Hecht schmeckt auf diese Weise zubereitet ausgezeichnet.

Schleie mit Kümmel
Lín

1–1,5 kg Schleien • Zitronensaft • Salz • Mehl • Kümmel • 3 EL Butter • Petersilie

* Von großen Schleien die Haut abziehen, die kleineren für ca. 1 Minute in siedendes Wasser legen (die Schuppen lassen sich dann leicht entfernen, und die Haut kann gut gereinigt werden). Die Schleien abspülen, ausnehmen und die Köpfe samt Kiemen abschneiden. Die vorbereiteten Fische mit dem Zitronensaft beträufeln und eine Weile stehen lassen, danach salzen, mit Mehl leicht bestäuben und mit Kümmel bestreuen.
* Dann in der Hälfte der erhitzten Butter jede Seite etwa 6 Minuten scharf anbraten. Die fertigen Schleien in einer vorgewärmten Schüssel anrichten.
* In der Pfanne die restliche Butter zerlassen, die fein gehackte Petersilie zugeben, umrühren und umgehend mit etwas heißem Wasser aufgießen, damit die Petersilie nicht anbrennt, und zu einer sämigen Sauce verkochen, mit Zitronensaft abschmecken und zu den Schleien reichen.

Südböhmischer Karpfen

Jihočeský kapr

Manchmal könnte man den Eindruck bekommen, dass die Böhmische Küche keinen anderen Fisch außer den Karpfen kennt. Für diesen allerdings hat sie unzählige Rezepte parat. Ganz so schlimm ist die Sache nicht, denn auch Hecht, Forelle, Barsch und Aal werden gerne verspeist, doch der dominierende Fisch in der Küche Böhmens ist tatsächlich der Karpfen. So lautet ein Sprichwort: „Ente, Schwein und Hase schmecken gut – regieren tut als König in der Küche aber der Karpfen mit Anmut."

Die Heimat des böhmischen Karpfens ist Třeboň (Wittingau) in Südböhmen, weshalb dieser Leckerbissen auch Třeboňsky kapr genannt wird. Třeboňsko (das Wittingauer Land) ist ein Land voller Seen, Teiche, Tümpel, Weiher und Sümpfe, doch das Geheimnis, warum die Karpfen hier so wunderbar gedeihen, ist der sandige Boden, der für den unverwechselbaren Geschmack sorgt. Denn wenn das Brackwasser, wo der Karpfen gründelt, moorig ist, wird sein Geschmack leicht unangenehm – über den sandigen Boden hingegen findet er weitgehend saubere Nahrung, die sein Fleisch so fein werden lässt.

In Südböhmen ist man sich einig: Karpfen schmeckt an besten frisch gefangen vom Rost, frisch geräuchert oder auch blau gekocht. Doch als Erbe an die langjährige gemeinsame Geschichte mit Österreich wird der Karpfen in Böhmen heute auch sehr gerne paniert und gebacken genossen, natürlich mit Kren (Meerrettich), denn der passt besonders gut zu gebackenem Karpfen.

Ein beinahe vergessenes Rezept ist der Karpfen nach Art der südböhmischen Fischer, denn früher haben diese den Karpfen einfach in Schlamm gewendet, in grüne Blätter verpackt und anschließend in der Glut ihres Lagerfeuers gegart – bei diesem archaisch anmutendem Rezept wird die Kruste, die sich aus den Blättern und dem Schlamm bildet, nach dem Backen aufgebrochen und das zarte, weiße Karpfenfleisch mit den Fingern abgezupft und genossen.

Heute ist der Karpfen in Böhmen aber vor allem eines: Ein traditionelles Weihnachtsessen, das unabdingbar mit dem 24. Dezember (der Heilige Abend ist streng genommen ja ein Fastentag) verbunden ist und daher bevorzugt an diesem Tag aufgetischt wird.

Weihnachtskarpfen (Schwarzbierkarpfen)
Vánoční kapr

4 Portionen Karpfen (je ca. 150–200 g) • Blut vom Karpfen • etwas Essig • 2 EL Butter • ½ kleine Sellerieknolle • 1 Karotte • ½ Petersilienwurzel • 1 kleine Zwiebel • 250 ml dunkles Bier • Salz • abgeriebene Schale und Saft von 1 Zitrone (unbehandelt) • 6–8 Pfefferkörner • 4–5 Pimentkörner • 1 kleines Lorbeerblatt • 1 TL Zucker • 1–2 EL Johannisbeer- oder Holunderbeerenkonfitüre • 1 ½–2 EL Mehl • 500–750 ml Wasser oder Kochsud vom Karpfenkopf • 3–4 kleine Lebkuchen • Salz • 1 Hand voll Dörrzwetschken (Backpflaumen) • 1 EL Rosinen • 8–12 geschälte Mandeln

* Bei der Zubereitung von „Karpfen schwarz“ wird auch das Blut vom Karpfen verwendet, dieses muss deshalb beim Töten des Fisches aufgefangen werden. Auch aus der Bauchhöhle wird das Blut mit ein wenig Essig ausgespült, diese Mischung ebenfalls für die Sauce aufbewahren.
* In der Hälfte der Butter das geputzte, in dünne Scheiben geschnittene Wurzelgemüse sowie die fein geschnittene Zwiebel anbraten, das Bier sowie das Karpfenblut zugießen, salzen, abgeriebene Zitronenschale und die Gewürze zugeben, die Konfitüre unterrühren und alles etwa 30 Minuten lang kochen.
* Inzwischen aus der anderen Hälfte der Butter und dem Mehl eine helle Einmach (Mehlschwitze) zubereiten, mit heißem Wasser (oder dem Kochsud vom Karpfenkopf) auffüllen, gut verrühren und in die dunkle Sauce eingießen. Auch die geriebenen Lebkuchen hinzufügen und die Sauce noch 15 Minuten kochen, dann den Zitronensaft hineinträufeln, umrühren und in einen anderen Topf durchseihen.
* Die gesalzenen Karpfenportionen in die Sauce geben und die gewaschenen, entsteinten, vorher eingeweichten Dörrzwetschken und Rosinen zugeben, alles 10–15 Minuten kochen. Zum Schluss noch die in Stifte geschnittenen Mandeln in die Sauce rühren.

„Karpfen schwarz“ wird sowohl warm als auch kalt serviert. Die gut abgestandene Sauce gewinnt mit der Zeit an Geschmack, deshalb ist es besser, sie einen Tag zuvor zuzubereiten. Zu diesem traditionellen Weihnachtsgericht werden feine Knödel serviert.

Tipp: Wenn man keinen frisch gefangenen Karpfen (mit Blut) erhalten kann, lässt sich die Sauce auch wunderbar mit 2 EL Powidl abrunden.

U Fleků

und andere Spezialbiere

Es versteht sich wohl fast von selbst, dass ein Land, das derart viel auf seine Braukunst hält wie Tschechien, sich nicht mit „normalen“ Bieren zufriedengeben kann. Daher stellt eine ganze Reihe von (teils traditionsreichen) Braustätten diverse Spezialbiere her, die sich sowohl im Stammwürze-Gehalt wie auch im Geschmack deutlich von Bieren nach Pilsner Brauart unterscheiden.

Ein sehr bekanntes und zugleich sehr urtümliches Bier ist das dunkle Bier, welches aus dem Prager Brauhaus U Fleků stammt und einerseits über 13 Grad Stammwürze verfügt, andererseits aber auch einen zarten Karamellgeschmack aufweist, der die zahlreichen Gäste des Braukellers dazu verleitet, nicht selten mehr zu trinken, als für sie gut ist. Ähnliche Spezialbiere kennt man auch in Westböhmen, wie z. B. das Chodovar.

Noch stärkere Biere sind das Bockbier Velkopopovický Kozel aus Mittelböhmen und das Konšel (Ratsherr) aus Litoměřice. Hinzu kommen etwa ein Dutzend Spezialbiere mit 14 Grad Stammwürze, während das Diplomat aus der Gambrinus-Brauerei in Pilsen volle 18 Grad Stammwürze aufweisen kann.

Fast schon etwas wehmütig muss man an dieser Stelle aber auch festhalten, dass die meisten böhmischen Brauereien (zumindest die bekannten) heutzutage zu großen Konzernen gehören, wo nicht mehr die regionale Eigenheit im Vordergrund steht, sondern der großflächig angelegte Vertrieb mit entsprechenden Umsatzzahlen. Für die Vielfalt der böhmischen Biere ist das teilweise eine Überlebenshilfe, aber in den meisten Fällen auf Dauer sicher nicht von Vorteil.

Brauerei Černá Hora

Auf dem Weg von Wien nach Prag kann man in Černá Hora einen Zwischenstopp einlegen, gut essen und dieses ursprüngliche Bier genießen. Ein Museumsbesuch in den alten Gewölben hinter dem Hotel zeigt, wie früher gearbeitet wurde. Im Hotel gibt es auch schöne Zimmer, falls es spät geworden ist oder das Bier zu gut geschmeckt hat.

Hecht auf böhmische Art

Štika po česku

1,5 kg Hecht • Salz • 80 g Butter • 250 ml Weißwein • 3 Tomaten • 250 g Champignons • 3 Knoblauchzehen • Zitronensaft • Schnittlauch

* Hecht portionieren, salzen, in Butter goldbraun braten und mit Weißwein aufgießen.
* Tomaten in kleine Würfel und Champignons blättrig schneiden, Knoblauch pressen und alles zum angebratenen Hecht hinzufügen. Dünsten, bis der Fisch gar ist (ca. 10–15 Minuten, bei größeren Fischen auch länger) und mit Zitronensaft beträufeln.
* Den fertigen Hecht mit geschnittenem Schnittlauch bestreuen.

Mit gekochten Kartoffeln servieren.

Gebackene „Karpfenmilch“

Die so genannte „Karpfenmilch“ ist das Sperma männlicher Karpfen und gilt unter Feinschmeckern als große Delikatesse.

400 g Fischmilch vom Karpfen • Salz • 2 EL Weißwein oder Essig • Mehl • 2 Eier • Semmelbrösel (Paniermehl) • Öl oder Fett zum Ausbacken • 1 EL zerlassene Butter • Zitrone

* Die gewaschene Fischmilch in Salzwasser, dem man den Wein oder Essig beifügt, kurz aufkochen, abseihen und auskühlen lassen. Dann die Fischmilch in Mehl wälzen, durch die verquirlten Eier ziehen und in Semmelbröseln wenden.
* In heißem Öl oder Fett ausbacken, auf Küchenkrepp abtropfen lassen, danach mit zerlassener Butter beträufeln und mit Zitronenscheiben garnieren.

Mit Kartoffelsalat oder mit Weißgebäck servieren.

„Südböhmischer Fischteichbesitzer“

Okoun jihočeského rybníkáře

1 kg küchenfertig vorbereiteter Barsch • Salz • 100 g Butter • 500 g Sauerampfer • 1 Zwiebel • 30 g Butter • Salz • Pfeffer • braune Butter

* Den geputzten Fisch am Rücken einige Male einschneiden, salzen und im Ganzen (mit dem Kopf) in Butter braten.
* Sauerampfer in Salzwasser kochen, fein gehackte Zwiebel in Butter dünsten, Sauerampfer dazugeben, durchmischen, pürieren und mit Salz und Pfeffer abschmecken.
* Den fertig gebratenen Fisch (im Ganzen oder filetiert) auf einer Platte anrichten, mit brauner Butter übergießen und mit dem Sauerampferbrei servieren.

Dazu gekochte Kartoffeln reichen.

Tipp: In Ermangelung von frischem Süßwasserbarsch kann man dieses Rezept auch hervorragend mit Wolfsbarsch zubereiten – das ist zwar nicht original, schmeckt aber ausgezeichnet.

Fleisch, Geflügel, Wild und Innereien

Bei aller Liebe zu Knödeln und Kraut ist doch die Fleischküche das, was die meisten Aficionados der Böhmischen Küche zum Schwärmen bringt – schier unendlich scheint sie zu sein, die Liste der Braten, Ragouts, Rouladen und Schnitzel. Fleisch wird dabei vorzugsweise gedünstet und geschmort, damit man möglichst viel schmackhaften Saft und ausreichend Saucen (vorzugsweise werden diese mit Rahm verfeinert) erhält, die dann so vortrefflich mit den – ebenfalls unverzichtbaren – Knödeln harmonieren.

Die svíčková, zweifelsohne eines der besten Rindsbratenrezepte der Welt, ist als primus inter pares hervorzuheben und wurde vollkommen zu Recht genauso weltberühmt wie der Prager Schinken im Brotteig, eines der wenigen Fleischrezepte, das gänzlich ohne Saft und Sauce auskommt (dafür aber mit Senf und Kren genossen werden muss).

Beim Geflügel liebt man es ebenfalls deftig, Gans und Ente werden demnach viel höher eingeschätzt als das Huhn, wenngleich man natürlich auch für das Hausgeflügel einige herrliche Zubereitungen kennt.

Eine nicht unwesentliche Säule der Böhmischen Küche ist traditionell auch das Wild, vor allem Hase und Fasan, aber auch Reh, Hirsch und Wildschwein (früher standen übrigens auch Siebenschläfer, Eichhörnchen und Dachse auf dem Speiseplan, aber das hat sich gottlob geändert). Sie werden gerne mit den Früchten des Waldes (wie z. B. Pilze und Hagebutten) kombiniert, sind aber leider – insgesamt gesehen – in neuerer Zeit etwas in Vergessenheit geraten.

Prager Schinken im Brotteig
Pražská šunka v chlebovém těstě

2,5 kg Prager Schinken (ersatzweise Beinschinken) • 1,5–2 kg frischer Brotteig vom Bäcker (vorzugsweise aus Roggenmehl, ev. gemischt mit anderem Mehl, mit Sauerteig) • Honig • Kümmel • Anis • Fenchelsamen • 2 Eier

* Den Schinken 50 Minuten kochen und danach auskühlen lassen. Den Brotteig zu einer ovalen Platte ausrollen, mit Honig bestreichen und mit Kümmel, Anis und Fenchel bestreuen. Eier verquirlen, den Schinken damit rundherum einstreichen, auf den Brotteig setzen und mit dem Teig umhüllen.
* Mit der Naht nach unten auf ein mit Papier ausgelegtes Blech legen, danach auf der untersten Schiene bei 180 °C ca. 90 Minuten backen, bis der Brotteig krustig und schön braun ist, während des Backens öfters mit Wasser bestreichen.

Hinweis: **Wenn man eine Tasse Wasser mit ins Rohr stellt, bewirkt der Wasserdampf, dass das Brot besser aufgeht und lockerer wird, außerdem verhindert er, dass die Kruste zu hart wird.**

Variante: **Auch gepökelte und vorgekochte Wildschweinkeule kann man auf diese Art zubereiten.**

Prager Schinken

Pražská šunka

Berühmt geworden ist diese Ikone der Böhmischen Küche sicherlich durch den allseits beliebten „Schinken in Brotteig". Die Prager Metzger verstanden es seit jeher, hervorragenden Schinken herzustellen. Doch die Spezialität Prager Schinken musste – und daran sind vor allem die politischen Umstände schuld – seinen Ruhm in der Nachkriegszeit an vergleichbare Spezialitäten aus dem italienischen Parma oder dem französischen Bayonne abgeben. Viele mögen nun denken, wieso das? Ist Prager Schinken nicht ein Kochschinken? Mitnichten! An diesem Missverständnis sind übrigens auch die Italiener nicht ganz unschuldig. Sie haben – um ihre eigenen Rohschinken zu schützen – ihren Kochschinken kurzerhand „Praga" getauft.

Echter Prager Schinken ist aber ein Rohschinken, für den die Schinkenkeulen zunächst gepökelt und dann über Buchenholz geräuchert werden. Dieser Schinken ist eher mit Westfälischem Schinken oder Schwarzwälder Schinken zu vergleichen als beispielsweise mit österreichischem Beinschinken, meist wird er dünn aufgeschnitten und mit Oberskren (Sahne mit Meerrettich) genossen.

Leider ist dieser originale Prager Schinken auch in Prag selten geworden, denn die Prager Metzger haben aus der Not eine Tugend gemacht und sich kurzerhand die „Gratiswerbung" der Italiener zu Nutzen gemacht: Mittlerweile bekommt man in Prag unter der Bezeichnung „Prager Schinken" fast überall gekochten Beinschinken – oder (noch schlimmer) einen Kochschinken in der Dose. Was die Altmeister unter den Metzgern über diese Entwicklung denken, ist sicher ein anderes Thema.

Aber immerhin gibt es ja noch den „Prager Schinken in Brotteig" – heute das Synonym für „Prager Schinken", wenngleich man auch hier vorsichtig sein sollte: Nicht immer findet sich im Brotteig ein echter Schinken, denn viel zu oft greifen (vor allem Lokale) zu geselchtem Schopf (Nacken) oder Karree, weil dies einfacher zu handhaben und oft auch wesentlich preiswerter ist als der echte Prager Schinken.

Auf dem Weg von Brünn nach Prag liegt der Ort „Velká Bíteš", wo die Firma „Sláma" beheimatet ist. Dort bekommen Sie oftmals preisgekrönte Spezialitäten – Würste, Geselchtes und auch den typischen Prager Schinken. Nehmen Sie sich unbedingt die Zeit für einen kurzen Besuch! Genießen Sie den herrlichen, frisch aufgeschnitten Schinken entweder als Imbiss oder nehmen Sie sich für zu Hause eine Kostprobe mit.

Schon zu Zeiten des Kommunismus war „Velká Biteš" kein unbekannter Ort. Auf dem Weg von Osten nach Prag hatte ein Zwischenstopp dort große Tradition. Intellektuelle, Künstler und Prominente speisten im Gasthaus „U Raušů". Ich war in diesem Frühjahr sicher zum letzten Mal dort, weil das Essen schrecklich war! Trotzdem sollte man sich die Bildergalerie in diesem Gasthaus ansehen, unter anderem hängen dort Ölbilder von Karel Gott.

Mährisches Schweinsgulasch
Vepřový jihomoravský guláš

600 g Schopfbraten (Schweinenacken) • 1 EL Schmalz • Salz • 80 g Zwiebeln • 300 ml Suppe • 3 rote Paprikaschoten • 1 scharfe Paprikaschote • 4 Tomaten • 100 g Zuckererbsen • 100 g Champignons • 1 EL Butter • 1 TL Stärkemehl • Petersilie

* Das würfelig geschnittene Fleisch in Schmalz anbraten und salzen. Klein geschnittenen Zwiebeln beimengen und kurz mitdünsten. Dann mit der Suppe aufgießen und zugedeckt garen.
* Paprikaschoten von weißen Adern und Kernen befreien, in Streifen schneiden, Tomaten würfelig schneiden und mit den Erbsen unter das Fleisch mengen, blättrig geschnittene Champignons in Butter rösten.
* Stärkemehl mit kaltem Wasser anrühren, zügig ins Gulasch mengen und aufkochen lassen, zum Schluss die gebratenen Champignons und Petersilie untermengen.

Mit Knödeln oder Nockerln als Beilage servieren.

Schinken mit Kutteln auf Prager Art
Dršťky se šunkou

750 g gut gereinigte und vorgekochte Kalbskutteln • 350 g Prager Schinken • 1 Zwiebel • 40 g Butter • 40 g Mehl • 1 EL gehackte Petersilie • 1 l Rindsuppe • Salz und Pfeffer aus der Mühle

* Die vorgekochten Kutteln eventuell noch einmal in Salzwasser nachkochen, so dass sie sehr weich sind, dann abseihen, abschrecken und fein nudelig schneiden. Schinken ebenfalls nudelig schneiden.
* Gehackte Zwiebel in Butter glasig werden lassen, mit Mehl stauben, gehackte Petersilie zugeben und aufschäumen lassen. Mit Rindsuppe ablöschen, Kutteln hinzufügen und sämig einkochen.
* Wenn die Sauce eingedickt ist, den Schinken dazugeben und alles abschmecken.

Alttschechischer Schweinebraten
Vepřové po staročesku

1,5 kg Schweinsschulter • 50–75 g Schmalz • 200 g Zwiebeln • Salz • 500 ml Bier • 5–6 EL geriebenes Brot • Kümmel • Pfeffer

* Schweinsschulter in ca. 3 cm große Würfel schneiden. In einer Pfanne das Schmalz erhitzen, die klein geschnittenen Zwiebeln darin anlaufen lassen. Fleisch salzen, in die Pfanne zu den Zwiebeln geben und mit Bier untergießen. Zugedeckt 45 Minuten dünsten.
* Nach der Hälfte der Garzeit Brot, Kümmel und Pfeffer hinzufügen und gemeinsam fertig garen.

Als Beilage Kartoffeln reichen.

Faschiertes in Kohl
Sekaná pečeně v kapustě

1 Kohlkopf (Wirsingkopf) • 20 g Butter • 20 g Zwiebeln • 250 g Faschiertes vom Kalb • 500 g Faschiertes vom Schwein • 1 EL Milch • 80 g Semmeln (Brötchen) • 150 g Geselchtes (Geräuchertes) • 1 Ei • Eierspeise (Rührei) aus 1 Ei • Salz • Pfeffer • Zitronenschale • 30 g Schmalz

* Kohl in vier Teile schneiden, große Blätter beiseite legen, das innere, helle Herz klein schneiden und in Butter mit fein gehackten Zwiebeln rösten.
* Das Faschierte mit der in Milch eingeweichten Semmel vermengen.
* Das Geselchte faschieren, den gerösteten Kohl, das Ei, die Eierspeis sowie Salz, Pfeffer und Zitronenschale dazugeben.
* Eine Bratenform mit Schmalz bestreichen und mit den gekochten Kohlblättern auslegen. Die ganze faschierte Masse mit nassen Händen zu einem Striezel formen, in die Bratenform legen, mit den restlichen gekochten Kohlblättern zudecken und bei 200 °C ca. 40 Minuten fertig braten.

Als Beilage empfiehlt sich Kartoffelpüree.

Znaimer Braten
Znojemská pečeně

1–1,5 kg Rostbraten (im Ganzen) • Salz • ca. 75 g Speck • 4–8 Znaimer Gurken • 1 Bund Suppengemüse • 75–100 g Zwiebeln • 80–100 g Butter • 125 ml Rotwein • 2 Pimentkörner • 4–6 Pfefferkörner • Zitronensaft und -schale • 30–40 g altbackenes dunkles Brot • 10–15 g Zucker • Pfeffer aus der Mühle • gehackte Petersilie

* Das Fleisch waschen, salzen, Speck und die Hälfte der Gurken in Streifen schneiden, Fleisch mit den Speck- und Gurkenstreifen spicken.
* Klein geschnittenes Suppengemüse zusammen mit gehackten Zwiebeln in heißer Butter anbraten.
* Fleisch darauflegen, kurz anbraten, mit dem Wein aufgießen und Piment, Pfefferkörner sowie Zitronensaft und -schale hinzufügen.
* Brot sehr klein schneiden und mitkochen (dient als Bindung der Sauce). Das fertige Fleisch aus der Sauce heben, diese mit dem Mixstab pürieren und mit den restlichen, klein geschnittenen Gurken verfeinern.
* Fleisch in Tranchen schneiden und mit der Sauce anrichten, als Beilage Knödel reichen.

Beilage: Knödel

Kutteln mit Geselchtem
Dršťky s uzeným masem

750 g Kutteln • 600 ml Suppe • 120 g Suppengemüse • 80 g Butter • 80 g Mehl • Ingwer • 1 Knoblauchzehe • Petersilie • Majoran • 4 Pfefferkörner • 190 g Geselchtes (Geräuchertes) • 30 g Parmesan

* Geputzte Kutteln in der Suppe mit Suppengemüse weich kochen, danach abseihen und den Kochsud aufbewahren. Butter erhitzen, Mehl farblos anschwitzen, mit dem gesamten Kochsud aufgießen und 10 Minuten kochen. Geriebenen Ingwer, zerdrückten Knoblauch, Petersilie, Majoran, Pfefferkörner und die klein geschnittenen Kutteln in die Suppe geben.
* Das Geselchte in kleine Würfel schneiden, ebenfalls hinzufügen und durchrühren.
* Einige Minuten ziehen lassen und vor dem Servieren mit reichlich geriebenem Parmesan bestreuen.

Als Beilage reicht man Brot.

Schnitzel im Kartoffelpuffer mit Gurkensalat

Černohorský řízek

600 g Schnitzelfleisch • Butterschmalz zum Ausbacken
***Kartoffelteig:* 400 g geschälte Kartoffeln • Salz • 2 Knoblauchzehen • gemahlener Kümmel • Majoran • 1 Ei • 50 g Mehl**

* Fleisch in 4 Schnitzel schneiden
* Schnitzelränder leicht einschneiden,mit Klarsichtfolie bedecken, zart klopfen und salzen.
* Kartoffeln fein reiben, salzen, mit gepresstem Knoblauch, Kümmel, Majoran, Ei und Mehl vermengen und zu einem Teig verarbeiten.
* Butterschmalz in einer Pfanne erhitzen und einen Löffel Kartoffelteig etwa in Schnitzelgröße darin verteilen. Dann ein Schnitzel darauflegen und wiederum mit Kartoffelteig belegen. Auf einer Seite braten.
* Vorsichtig umdrehen und langsam fertig braten. Vorgang dreimal wiederholen.
* Mit Küchenrolle das Fett abtupfen.

Beilage: **Kartoffelsalat, Paradeissalat, Gurkensalat.**

Gurkensalat

4 Portionen
2 Salatgurken • 2–3 Knoblauchzehen • 250 ml Sauerrahm (saure Sahne) • 1 cl Weißweinessig • Zucker • Salz • weißer Pfeffer nach Geschmack

* Gurken schälen und fein raspeln. Knoblauchzehen auf einem Brett mit Salz zu einer Paste zerdrücken, danach mit den Gurken vermengen.
* Sauerrahm mit einem Schneebesen cremig rühren, dann mit Weißweinessig, Zucker, Salz und weißem Pfeffer abschmecken. Gurken mit dem Sauerrahmdressing vermischen und nach Belieben mit Dillspitzen oder Borretsch garnieren.

Svíčková

1 kg Rindslungenbraten (Rinderfilet) • 50 g Speck • 120 g Butter • 50 g Zwiebel • 100 g Suppengemüse • 5 Pfefferkörner • 3 Pimentkörner • Lorbeerblatt • Thymian
***Zum Braten:* Salz • Zitronenschale • 250 ml Rindsuppe • 250 ml Sauerrahm (saure Sahne) • 30 g Mehl • Saft von ½ Zitrone**

* Fleisch zuputzen und mit dem Speck in Faserrichtung spicken (damit beim Schneiden eine Mosaikansicht entsteht). Einen Bräter mit etwas Butter einfetten.
* Zwiebel und Suppengemüse schälen, in Ringe schneiden und den Bräter damit auslegen. Das Fleisch darauflegen und alle Gewürze zugeben. Restliche Butter zergehen lassen und das Fleisch mit der Butter übergießen. An einem kühlen Ort 1 Tag beizen lassen.
* Am nächsten Tag den Braten salzen und mit der Zitronenschale im Backofen ca. 1,5 Stunden bei ca. 170 °C so lange dünsten, bis das Gemüse Farbe bekommt.
* Erst dann ab und zu mit der Suppe aufgießen und ca. 1 Stunde bei 160 °C fertig braten.
* Das Fleisch herausnehmen, die Pfeffer- und Neugewürzkörner sowie das Lorbeerblatt entfernen, die Sauce mit dem Gemüse passieren.
* Sauerrahm mit Mehl verrühren und zügig in die Sauce einmengen.
* Mit etwas Zitronensaft pikant abschmecken und kurz aufkochen.
* Das Fleisch in Scheiben schneiden und in der Sauce ziehen lassen.

Mit Serviettenknödel und Preiselbeeren anrichten.

Kalbskeule
Telecí kýta naložená

1 kg Kalbskeule • Salz • 50 g Speck zum Spicken • 50 g Hamburger Speck • 2 EL Butter • 100 ml Weißwein
***Marinade:* 200 ml Weinessig • 200 ml Wasser • 50 g Zwiebeln • 1 Lorbeerblatt • Thymian • 5 Pfefferkörner • 5 Pimentkörner • gemahlener Ingwer**

* Für die Marinade Essig, Wasser, Zwiebelringe und die Gewürze in einem Topf ca. 10 Minuten köcheln lassen, dann auskühlen lassen.
* Das Fleisch in einen Steinguttopf legen und mit der kalten Marinade übergießen, an einem kühlen Platz 2–3 Tage marinieren lassen, das Fleisch täglich wenden.
* Das marinierte Fleisch abtrocknen, salzen und mit Speck in Faserrichtung spicken.
* In einer Kasserolle den Hamburger Speck glasig rösten, Butter beimengen und das marinierte Fleisch darin hellbraun anbraten. Mit der Marinade aufgießen und darin ca. 1,5 Stunden garen.
* Zum Schluss Wein beifügen und noch 10 Minuten nachgaren.

Mit Nockerln als Beilag servieren.

Rindsrouladen
Závitky z hovězího masa / Španělský ptáček

4 Rindsschnitzel à 160 g • Salz • Pfeffer • Estragonsenf • 2 Znaimer Gurken • 4 Schinkenblätter • 2 hart gekochte Eier • 100 g Zwiebeln • 80 g Speck • 200 ml Rindsuppe • 30 g Butter • 1 EL Mehl

* Rindsschnitzel klopfen, Ränder einschneiden, salzen, pfeffern, mit Senf bestreichen.
* Gurken halbieren und jeweils eine Gurkenhälfte, ein Schinkenblatt, ein halbes Ei und einige Zwiebelringe auf jedes Rindsschnitzel legen, zu Rouladen einrollen und mit Zahnstochern, Küchengarn oder Rouladenklammern fixieren.
* Speck klein schneiden und in einer Kasserolle leicht anrösten.
* Die Rouladen zum Speck geben und rundum anbraten, dann mit der Suppe aufgießen und weich dünsten.
* Fertige Rouladen aus der Sauce heben und von Zahnstochern (bzw. Küchengarn oder Rouladenklammern) befreien.
* Die Butter mit dem Mehl zu kleinen Kugeln kneten und diese der Sauce beifügen, aufkochen lassen und die Sauce anschließend passieren.

Mit Kartoffelpüree servieren.

Karlsbader Gulasch
Karlovarský guláš

750 g Rindsschulter • 100 g Zwiebeln • 1 EL Butter • 1 TL Paprikapulver • Essig • 300 ml Suppe • Salz • 1 EL Butter • 1 EL Mehl • 200 ml Sauerrahm (saure Sahne)

* Fleisch in Würfel schneiden, Zwiebeln fein schneiden und in heißer Butter braun rösten, Paprikapulver untermengen, kurz durchrühren und mit einem Spritzer Essig und etwas Suppe ablöschen.
* Fleisch beimengen und anbraten. Mit der Suppe aufgießen, mit Salz abschmecken und weich dünsten.
* Aus Butter und Mehl eine helle Einbrenn (Mehlschwitze) bereiten, diese mit dem Sauerrahm zum Fleisch geben, gut verrühren und kurz aufkochen lassen.

Zu diesem Gericht eignen sich Reis, Nockerln oder Serviettenknödel als Beilage.

Geselchtes in Powidl

Uzené maso s povidlovou omáčkou

400 g geselchter Schopfbraten (Schweinenacken) • 200 g kernlose Dörrzwetschken (getrocknete Pflaumen) • 60 g Butter • 20 g Mehl • 50 g geriebener Lebkuchen • 1 EL Powidl (Zwetschkenmus) • Zitronensaft • Zimtpulver • Salz

* Schopfbraten unter fließendem kaltem Wasser abwaschen, dann in einen Topf mit heißem Wasser geben, ca. 1 Stunde weich kochen.
* Gekochtes Fleisch herausnehmen und im Sud die Dörrzwetschken weich kochen.
* Butter erhitzen, Mehl darin dunkelbraun rösten und mit dem Sud von den gekochten Dörrzwetschken aufgießen.
* Mit einer Schneerute glatt rühren, die gekochten Zwetschken und den geriebenen Lebkuchen beigeben und ca. eine halbe Stunde zu einer molligen Sauce verkochen, mit Powidl, Zitronensaft, Zimt und Salz abschmecken.

Als Beilage passen Hefeknödel sehr gut.

Schweinsstelzen nach Budweiser Art

Koleno po budějovicku

4 hintere Stelzen (Haxe, Eisbein; wahlweise mit oder ohne Schwarte) • Salz • Pfeffer • Kümmel • ca. 20 zerdrückte Knoblauchzehen (4 pro kg Fleisch) • Schweineschmalz • 4 große Zwiebeln • 2 l helles Bier oder Weißbier • 4 Scheiben Weißbrot • 1 Prise Zucker

* Falls Stelzen mit Schwarten gewählt wurden, diese rundherum mehrfach schöpfen (einschneiden). Das Fleisch rundherum kräftig mit Salz, grob gemahlenem Pfeffer, geschrotetem Kümmel und zerdrücktem Knoblauch einreiben, danach in Schweineschmalz anbraten. Fleisch aus der Bratenform heben und warm stellen.
* Im Bratrückstand die in feine Ringe geschnittenen Zwiebeln anrösten, das Fleisch wieder dazugeben und mit Bier aufgießen (man kann eventuell auch ein Lorbeerblatt hinzufügen).
* Das Weißbrot entrinden, zwischen den Fingern zerkrümeln und in das Bier rühren. Nun das Fleisch in den Ofen schieben und bei 200 °C fallend (Temperatur nach und nach auf 160 °C reduzieren) gut 2 Stunden langsam braten, dabei wiederholt wenden und übergießen.
* Wenn das Fleisch sehr weich ist, dieses aus dem Ofen nehmen, tranchieren und auf einer großen Platte anrichten.
* In der Zwischenzeit den Bratensaft in einem Topf auf dem Herd mollig einkochen lassen und mit einer guten Prise Zucker abrunden. Die Sauce über das Fleisch gießen und alles mit einer beliebigen Knödelbeilage auftischen.

Znaimer Kaninchen

Králík po znojemsku

1 Kaninchen (ca. 1,5 kg) • Mehl • Salz • 1 EL Paprikapulver • 3 EL Butterschmalz • 1 Zwiebel • 1 EL Senf • 1 Prise Zucker • 500 ml Hühnersuppe • 1 Salzgurke (oder 3 Essiggurken) • etwas Gurkenwasser aus dem Glas • Pfeffer • Estragon

* Das Kaninchen in 8 Teile zerlegen, Leber beiseite legen. Kaninchenteile in einer Mischung aus Mehl, Salz und Paprikapulver wenden, danach in heißem Butterschmalz anbraten und warm stellen.
* Im Bratenrückstand die gehackte Zwiebel andünsten, mit etwas Mehl stauben, Senf und Zucker einrühren und kurz durchziehen lassen.
* Dann mit Hühnersuppe aufgießen und leicht mollig einkochen. Kaninchenteile in die Sauce legen und zugedeckt auf kleiner Flamme 45 Minuten weich dünsten. Bei Bedarf etwas Wasser oder Suppe nachgießen.
* Gurken in kleine Würfel schneiden und gemeinsam mit der geschabten Kaninchenleber in die Sauce geben, 6 Minuten mitgaren lassen. Kurz vor dem Servieren die Sauce mit Gurkenwasser aus dem Glas, Salz und Pfeffer abschmecken, mit Nudeln nach Wahl (oder auch mit Knödeln) auf einer großen Platte anrichten und mit frischem Estragon ausgarniert auftischen.

Schweinefleisch in Bier (altböhmisch)
Vepřové na pivě (po staročesku)

700 g mageres Schweinefleisch (Nacken oder Schulter) • 1 mittelgroße Zwiebel • 1 EL Schweineschmalz • Salz • 4 EL geriebenes Roggenbrot • Kümmel • Pfeffer • 250 ml helles Bier

* Das Fleisch waschen und in große Würfel schneiden. Die Zwiebel fein schneiden, im Schweineschmalz glasig dünsten, das vorbereitete Fleisch zugeben und anbraten. Dann das Fleisch salzen, aufgießen und fast weich dünsten.
* Den Saft etwas reduzieren und das geriebene Roggenbrot hinzufügen.
* Das Gericht mit Kümmel und Pfeffer würzen, dann unter allmählicher Zugabe von Bier fertig dünsten.

Die originale Beilage zu diesem Gericht ist Brot, man kann allerdings auch Kartoffeln, Reis oder feine Knödel servieren.

Hannakische Spatzen
Hanácký vrabec

400 g Schweineschulter • Salz • gemahlener Pfeffer • 3 Knoblauchzehen • Majoran • 200 g Bauchfleisch • 40 g Schmalz • 80 g Zwiebeln • Kümmel • 300 ml Suppe• 10 g Mehl

* Schweineschulter in 100 g schwere Schnitzel schneiden, diese zart und nicht zu dünn plattieren, salzen, pfeffern, mit gepresstem Knoblauch einreiben und mit Majoran bestreuen.
* Bauchfleisch in ca. 3 cm große Würfel schneiden und auf den Schnitzeln mittig platzieren. Schnitzel straff einrollen und mit Spagat binden, in wenig heißem Schmalz in einer flachen Pfanne rundum anbraten.
* Fein geschnittene Zwiebeln und Kümmel beigeben und mit Suppe aufgießen.
* Im vorgeheizten Backofen unter wiederholtem Begießen fertig braten.
* Die „Spatzen" aus der Pfanne heben, Bratenrückstand mit Mehl stauben, kurz bräunen, mit Wasser ablöschen und aufkochen lassen.

Als Beilage schmecken Kraut und Knödel.

„Netzbraten“ (Schweinerouladen im Netz)
Těšínská rolka

160 g Kraut (Kohl) • 400 g Schweineschulter • Salz • Pfeffer • 3 Knoblauchzehen • 120 g Hamburger Speck • 160 g Schweinenetz • 60 g Zwiebeln • 2 EL Schmalz • 200 ml Suppe

* Krautblätter in siedendem Salzwasser kurz überkochen und anschließend in kaltem Wasser abschrecken, dann die dicken Adern herausschneiden.
* Fleisch zu Schnitzeln schneiden, diese zart klopfen, salzen, pfeffern und mit gepresstem Knoblauch einreiben.
* Schnitzel auf den Krautblättern auflegen und mit Speckscheiben belegen.
* Gewässertes Schweinenetz auflegen, in passende Stücke schneiden und mit den Krautblättern, die mit Fleisch und Speck belegt sind, straff einrollen.
* Fein geschnittene Zwiebeln im Schmalz hell anrösten, Rouladen dazugeben, rundum braun anbraten, mit der Suppe aufgießen und im Backofen bei 200 °C ca. 40 Minuten fertig garen.

Als Beilage Kartoffeln und beliebigen Salat servieren.

Walachei-Fleischstücke
Valašské kousky

600 g Schweinsschlögel (Keule) • Salz • 40 g Schmalz • 30 g Mehl • 300 ml Suppe • 200 ml Sauerrahm (saure Sahne) • 200 g frische Pilze oder Champignons • 20 g Butter • Dille • Essig

* Das Fleisch in kleine Schnitzel schneiden und salzen. In einer Pfanne Schmalz erhitzen, Schnitzel einlegen und kurz, braun anbraten.
* Dann in den auf 180 °C vorgeheizten Backofen schieben und ca. 15 Minuten fertig braten.
* Schnitzel aus der Pfanne herausnehmen, den Bratensatz mit Mehl stauben, kurz anschwitzen, mit Suppe ablöschen und Sauerrahm unterheben.
* Die geputzten und klein geschnittenen Pilze in Butter anbraten und dazugeben, mit fein gehackter Dille bestreuen, Schnitzel einlegen und kurz aufkochen, danach mit Essig und Salz abschmecken.

Man kann statt Schweinefleisch auch Hühnerfleisch nehmen.
Serviettenknödel, Reis oder gekochte Kartoffeln als Beilage reichen.

Sautanzbraten
Zabijačková pečeně

400 g Schweineschulter • Salz • Pfeffer • Zitronenschale • 2 gepresste Knoblauchzehen • 100 ml Weißwein • 1 Ei • 120 g Schweinenetz • Kümmel • 150 g Schweinefilet • 20 g Zwiebeln

* Die Schweineschulter sehr fein faschieren, mit Salz, Pfeffer, Zitronenschale, 1 Knoblauch, Weißwein und Ei vermengen, gut durchrühren.
* Schweinenetz (gewässert und abgetrocknet) ausbreiten, salzen und mit Kümmel bestreuen, Faschiertes darauf verteilen.
* Das Filet salzen, mit dem restlichen Knoblauch einreiben und auf das Faschierte legen, straff einrollen.
* Diese Fleischrolle in eine viereckige Bratenform einlegen, mit klein geschnittenen Zwiebeln unterlegen und im vorgeheizten Backofen bei 220 °C unter oftmaligem Übergießen ca. 35 Minuten braun braten.

Warm mit Stampfkartoffeln und Salat servieren. Schmeckt auch kalt sehr gut.

Schweinebraten auf Prager Art

1,5–2 kg Bauchfleisch mit Schwarte • Salz • Kümmel • Piment

* Das Fleisch waschen, abtrocknen, salzen (die Schwarte vorläufig ungesalzen lassen), mit Kümmel bestreuen und mit der Schwarte nach unten in einen Bräter geben. Mit etwas Wasser aufgießen, den Piment zugeben und unter häufigem Begießen mit dem Bratensaft 220 °C etwa 1 Stunde lang braten (während des Bratens die verdampfte Flüssigkeit nach Bedarf mit heißem Wasser oder Suppe auffüllen, da das Fett nicht anbrennen soll; die Temperatur nach und nach auf 170 °C reduzieren).
* Nach einer Stunde das Fleisch umdrehen, so dass die Schwarte oben ist, die Schwarte mit Küchenkrepp abtupfen und mit einem scharfen Messer dünne Streifen oder Karos einschneiden. Die Schwarte kräftig salzen und das Fleisch ohne weiteres Aufgießen ca. 1 Stunde goldbraun braten (wenn der Saft zu stark reduziert, etwas Wasser oder Suppe angießen).

Als Beilage Semmelknödel und Kraut servieren.

Kaninchenbeuschel

Plíčky z králika

1,25 kg junges Kaninchenfleisch (Schulter, Hals, Brustfleisch, Leber, Lunge und Herz) • 20 g Karotten • 20 g Sellerie • 20 g Petersilienwurzel • 20 g Zwiebeln • Pfeffer • Lorbeerblatt • Piment • 80 g Butter • 50 g Mehl • 150 ml Obers (Sahne) • Zucker • Essig • Salz

* Fleisch und Innereien waschen, in große Stücke zerteilen und alles mit Wasser bedecken. Grob geschnittenes Wurzelwerk, Zwiebeln, Pfeffer, Lorbeerblatt und Piment beigeben, alles langsam ca. 1 Stunde gar kochen.
* Die Kaninchenteile aus dem Sud heben und nudelig schneiden. Butter erhitzen, Mehl beigeben und hellbraun rösten. Mit Kaninchensud aufgießen, verrühren und 10 Minuten kochen.
* Obers in die kochende Sauce einrühren, aber nicht weiterkochen lassen.
* Kaninchenfleisch in die Sauce einlegen und mit Essig und Zucker abschmecken.

Als Beilage passen gekochte Kartoffeln.

Walachei-Lammgulasch

Valašský guláš

800 g Lammschulter • Salz • einige Pfefferkörner • Piment • Lorbeerblatt • 60 g Schmalz • 20 g Zwiebeln • edelsüßes und scharfes Paprikapulver • 400 g Kartoffeln • 40 g Karotten • 20 g Petersilienwurzel • 40 g Sellerie • 1 Tomate • 100 g Karfiol (Blumenkohl) • 20 g Porree (Lauch) • 2 Knoblauchzehen • gemahlener Pfeffer • Majoran

* Fleisch in Würfel schneiden, in einen Topf geben, mit Wasser bedecken, salzen und mit Pfefferkörnern, Piment und Lorbeerblatt ca. 1½ Stunden weich kochen.
* In Schmalz klein geschnittene Zwiebeln anrösten, Paprikapulver dazugeben, sofort mit etwas Lammsuppe ablöschen und zum Fleisch gießen.
* Kartoffeln und Gemüse in kleine Würfel schneiden, Karfiol in kleine Röschen teilen, Lauch in Ringe schneiden und alles mit dem gepressten Knoblauch zum Gulasch hinzufügen. Fertig kochen und mit Pfeffer, Majoran und Salz abschmecken.

Brot passt als Beilage am besten.

Gefüllte Schweineleber

Plněná vepřová játra

400 g Schweineleber • 60 g Schmalz • 120 g Schweineschulter • 1 Semmel (Brötchen) • 1 Zwiebel • 1 Knoblauchzehe • 40 g Semmelbrösel (Paniermehl) • 40 g Grieß • 1 Ei • Kümmel • Pfeffer • Salz • 120 g Schweinenetz • 40 g Hamburger Speck • 200 ml Suppe

* Leber in 8 Scheiben schneiden, Ränder leicht einschneiden, diese „Schnitzel" mit Klarsichtfolie bedecken und zart klopfen, anschließend im Schmalz rasch beidseitig anbraten.
* Schweineschulter und in Wasser eingeweichte Semmel faschieren, mit der halben klein geschnittenen Zwiebel, gepresstem Knoblauch, Semmelbrösel, Grieß, Ei, Kümmel, Pfeffer und Salz vermengen.
* Faschiertes zu 4 Rollen formen, diese auf die Hälfte der Leber-Schnitzel legen und mit den restlichen Schnitzeln zudecken.
* Schweinenetz in 7 cm x 12 cm Stücke schneiden und die Leber-Schnitzel damit umwickeln.

* In einer Pfanne die restliche klein geschnittene Zwiebel und den Speck anrösten.
* Die Leber-Rollen in die Pfanne schlichten, Suppe untergießen und fertig garen.

Als Beilage Reis, Kartoffeln oder Salat reichen.

Kalbshirn auf Karlsbader Art
Telecí mozeček po karlovarsku

Zutaten für 2 Personen

500 g Kalbshirn • 4 ungezuckerte Karlsbader Oblaten • etwas Rindsuppe • 2 Eier • Semmelbrösel (Paniermehl) • reichlich Butterschmalz zum Ausbacken • Salz • Pfeffer aus der Mühle

* Kalbshirn putzen, in Salzwasser blanchieren, abschrecken und abtropfen lassen. Danach in Scheiben schneiden und würzen.
* 2 Oblaten mit wenig Rindsuppe leicht befeuchten und mit Kalbshirn belegen.
* Danach mit den restlichen Oblaten abdecken. Die Ränder gut zusammendrücken und eventuell mit Zahnstochern fixieren.
* Die gefüllten Oblaten in verquirltes Ei tauchen, danach in Semmelbröseln panieren. Anschließend in heißem Butterschmalz rundum goldbraun ausbacken, herausheben und abtropfen lassen.

Dazu schmeckt Kartoffel- oder grüner Salat.

Krautgulasch
Zelný guláš

400 g Wadschunken (Fleisch von der Rinderwade) • 80 g Zwiebeln • 80 g Schmalz • Paprikapulver • Kümmel • 80 g Tomatenmark • Salz • 200 ml Suppe • 40 g Mehl • 600 g Kartoffeln • 800 g Weißkraut (Weißkohl)

* Fleisch in dicke Stücke schneiden. Zwiebeln fein schneiden und in heißem Schmalz braun rösten, Paprikapulver und Kümmel untermengen, kurz anrösten und ablöschen.
* Fleischstücke und Tomatenmark beimengen, anbraten, salzen und mit etwas Suppe aufgießen, zugedeckt am Herd dünsten.
* Nach der Hälfte der Garzeit (ca. 1½ Stunden) das Fleisch herausnehmen, Bratenrückstand mit Mehl stauben, mit der restlichen Suppe ablöschen und aufkochen.
* Fleisch wieder zurück in den Bratensaft legen, Kartoffeln in Würfel und Weißkraut nudelig schneiden, beides dazugeben. Den Eintopf ca. weitere 20 Minuten weich dünsten.

Als Beilage reicht man Brot.

Faschiertes Geselchtes
Karbanátky z uzeného masa

300 g gekochtes Geselchtes (Geräuchertes) • 300 g gekochte Kartoffeln • Salz • Pfeffer • 2 Eier • Semmelbrösel (Paniermehl) • Öl zum Ausbacken

* Fleisch und geschälte Kartoffeln faschieren, mit Salz, Pfeffer und Eierdottern (Eigelben) vermengen. Mit befeuchteten Händen Laibchen formen.
* Die Eiklar (Eiweiß) verquirlen, Laibchen darin eintauchen und danach in Bröseln wenden.
* Öl in einer passenden Pfanne erhitzen, Laibchen nur kurz knusprig backen, da das Fleisch und die Kartoffeln schon gekocht sind.

Kartoffeln, Salat, Linsen oder Spinat empfehlen sich als Beilage.

Huhn mit Nuss

Kuře Tamara

1 Huhn (ca. 1,75 kg) • 300 g Gemüse (Karotten, Petersilie, Lauch) • Salz • 1 Lorbeerblatt • 2 Gewürznelken • 1 Knoblauchzehe • Zimtpulver • 2 EL Butter • 200 g Zwiebeln • 1 Knoblauchzehe • 150 g Walnüsse • 200 ml Essig • 5 Eidotter (Eigelb)

* Das Huhn vierteln, waschen, in einen ausreichend großen Topf geben und mit Wasser bedecken.
* Geputztes Gemüse und die Gewürze beigeben und alles ca. 30 Minuten halb weich kochen.
* Huhn und Gemüse aus der Suppe heben, Kochsud abseihen und ca. 500 ml vom Kochsud beiseite geben. Den restlichen Sud reduzieren und mit dem Huhn in einen Bräter geben, das Huhn mit der Hälfte der Butter einstreichen und im Backofen bei ca. 220 °C (fallend) ca. 30 Minuten braun braten.
* Für die Sauce die fein geschnittenen Zwiebeln und den gehackten Knoblauch in der restlichen Butter leicht bräunen. Mit 200 ml vom beiseite gegebenen Kochsud aufgießen, geriebene Nüsse und 100 ml Essig beigeben, nicht mehr kochen.
* In einem anderen hohen Topf Eidotter mit 200 ml kaltem Kochsud im Wasserbad cremig schlagen (nicht kochen!). Diese Masse in die Sauce einmengen und mit Essig und Pfeffer abschmecken.
* Das fertige Huhn entbeinen, in mundgerechte Stücke schneiden und in die Sauce geben.

Dieses Gericht wird immer kalt serviert.

Huhn auf Kraut

Kuře na zelí

1 Huhn (ca. 1,2 kg) • Salz • Pfeffer • 1,5 kg Sauerkraut • 20 g Schmalz

* Das Huhn salzen und pfeffern, Sauerkraut je nach Notwendigkeit kalt auswaschen.
* Ausreichend große Auflaufform mit Schmalz ausstreichen, Sauerkraut einfüllen, das gewürzte Huhn darauflegen. Mit einem passenden Deckel zudecken und im vorgeheizten Backofen bei ca. 200 °C ca. 1 Stunde weich dünsten.
* Während des gesamten Garvorgangs den Deckel nicht abheben.

Huhn à la Vaverka

Die Familie Vaverka stammte ursprünglich aus Böhmen, ist dann aber nach Wien emigriert. Vladimir von Vaverka – Gott habe in selig – war ein begeisterter Koch und begnadeter Genießer. Von ihm stammt dieses opulente Rezept, das auch für 4–6 normale Portionen reichen könnte, aber tatsächlich nur für 2 gedacht ist.

Zutaten für 2 Portionen

1 Bauernhuhn oder 1 Poularde (ca. 2 kg, mit Leber und Herz) • Salz • Pfeffer • 2 EL Butter • 2 Eier • 2 Eidotter (Eigelb) • 125 ml Obers (Sahne) • Muskatnuss • 150–200 g Semmelwürfel (Knödelbrot) • 125 ml Sauerrahm (saure Sahne) • etwas abgeriebene Zitronenschale (unbehandelt) • 2–3 EL Parmesan • 100 g Butter • etwas Hühnersuppe

* Das Huhn innen und außen kräftig salzen, innen zudem pfeffern. Fein geschnittene Hühnerleber und -herz in Butter andünsten, dann vom Herd nehmen und auskühlen lassen.
* Eier, Eidotter und Obers miteinander versprudeln, kräftig mit Muskat, Salz und Pfeffer würzen und anschließend über die Semmelwürfel gießen. Gebratene Innereien samt Butter, Sauerrahm, Zitronenschale und Parmesan untermischen und die Masse etwas ziehen lassen.
* Das Huhn mit dieser Masse füllen, die Haut mit einem Kochlöffel vorsichtig abheben und auch zwischen Haut und Brustfleisch etwas Füllung stopfen.
* Zerlassene Butter mit reichlich Muskat würzen und das Huhn damit bestreichen, danach das Geflügel mit der Brust nach unten in eine Bratenform setzen (man kann auch grob geschnittenes Wurzelgemüse dazugeben) und bei 200 °C etwa 1 Stunde braten (die Hitze nach 20 Minuten auf 160–180 °C reduzieren) und wiederholt mit Hühnersuppe und eigenem Bratensaft begießen. Danach das Huhn wenden und weitere 30–40 Minuten knusprig braten.
* Das Huhn vor dem Tranchieren etwas rasten lassen, danach mit dem Bratensaft, mit mindestens drei verschiedenen Knödeln (Vladimir servierte meist Kartoffelknödel, böhmische Knödel und Palffy-Knödel dazu, die allesamt mit reichlich brauner Butter übergossen waren) und grünem Salat auftischen.

Vladimir hat mitunter auch noch 100 g gebratene Speckwürfel und 1 geröstete Knoblauchzehe zur Fülle gegeben.

Bauernente
Selská kachna

Zutaten für 2–3 Personen

1 Ente • Salz • Kümmel • 500 g Kraut (Kohl) • 500 g Äpfel • 10 g Mehl • 300 ml Suppe

* Die küchenfertig vorbereitete Ente innen und außen salzen, außen zusätzlich mit Kümmel einreiben.
* Eine für den Backofen geeignete Pfanne fingerhoch mit Wasser füllen, die Ente mit der Brust nach unten einlegen und in den auf 180 °C vorgeheizten Backofen geben, während des Bratens ständig übergießen. Wenn die Ente schön braun gebraten ist, nach ca. 1½ Stunden herausnehmen, entbeinen und in Stücke schneiden.
* Krautblätter in kochendes Wasser legen und kurz kochen, dann herausnehmen, ausbreiten und mit dem Entenfleisch und mit geschälten Apfelvierteln belegen.
* Danach die Krautblätter samt Fülle einrollen.
* Den Bratensaft mit Mehl anschwitzen, mit Suppe aufgießen und durchkochen.
* Die Krautwickel zurück in die Pfanne mit dem Bratensaft geben und fertig dünsten.

Als Beilage serviert man Knödel und Kartoffeln.

Gänseauflauf
Husí nákyp

Ein beliebtes Gericht zur Resteverwertung, z. B. nach Martini!

Zutaten pro Portionen

1 Portion fertig gebratenes Gänsefleisch (ca. 250 g) mit etwas Bratensaft • 10 g Zwiebeln • 10 g Gänseschmalz • Thymian • 1 kleines Lorbeerblatt • Salz • 1 Pfefferkorn • 70 ml Suppe • 70 ml Weißwein • 5 g Butter • 5 g Mehl • 1 TL Zitronensaft

* Das Fleisch in kleine Stücke schneiden. Fein geschnittene Zwiebeln in heißem Gänseschmalz rösten, Thymian, Lorbeerblatt, Salz und Pfeffer dazugeben. Fleisch ebenfalls hinzufügen, dann mit der Suppe und dem Wein aufgießen.
* Butter in einer Kasserolle erhitzen, Mehl einrühren, anschwitzen und mit dem Bratensaft vom Vortag vermengen.
* Den Saft zum Fleisch geben und aufkochen lassen.
* Mit Zitronensaft abschmecken und mit Nockerln servieren.

Gans-Scholett

Husí stehna v šouletu

2 Gänsekeulen • Salz • 2 EL Gänseschmalz • 50 g Zwiebeln • 2–3 Knoblauchzehen • Pfeffer • Ingwerpulver • 400 ml Gänsesuppe • 250 g Trockenerbsen (ca. 12 Stunden in kaltem Wasser einweichen) • 200 g Graupen

* Die Keulen längs halbieren, so dass 4 Portionen entstehen, dann salzen und in etwas heißem Schmalz anbraten.
* Die fein geschnittenen Zwiebeln und den gehackten Knoblauch, Pfeffer und Ingwer beimengen, anbraten, mit der Suppe aufgießen und weich dünsten.
* Die eingeweichten Erbsen in reichlich Wasser weich kochen.
* Graupen in Salzwasser mit 1 Löffel Schmalz, weich kochen.
* Gekochte Erbsen und Graupen vermengen, in eine feuerfeste Form geben und Bratensaft von den Gänsekeulen hinzufügen.
* Die Keulen auf die Erbsen-Graupen-Mischung schichten und im auf 200 °C vorgeheizten Backofen ca. 25 Minuten garen, bis die Oberfläche leicht braun wird.

Mit Znaimer Gurken servieren.

Gänsebrust mit Knoblauch

Husí prsa na česneku

Zutaten für 2 Portionen

1 Gänsebrust • Salz • 4–5 Knoblauchzehen • 1 TL Ingwerpulver • 1 große Zwiebel • 1 EL Schweineschmalz

* Gänsebrust salzen, die Hälfte der Knoblauchzehen in Stifte schneiden, diese in Ingwerpulver wälzen und die Gänsebrust damit spicken. Das Fleisch über Nacht kühl lagern.
* Am nächsten Tag die klein geschnittene Zwiebel mit dem restlichen Knoblauch in einem Bräter im Schweineschmalz andünsten, die gespickte und gesalzene Gänsebrust dazugeben und unter sparsamer Zugabe von Wasser weich dünsten.
* Die Gänsebrust ohne Deckel im Backofen bei ca. 230 °C (fallend) ca. 30 Minuten rötlich-braun braten, den Saft nicht binden.

Mit Kartoffeln und gedünstetem Weißkraut (Weißkohl) servieren.

Znaimer Gurken

Znojemské okurky

Eines vorweg: Original Znaimer Gurken sind immer „süß-sauer“ und niemals etwas anderes, auch wenn heute die Gurken auch nach anderen Rezepturen (z. B. zu Salzgurken) verarbeitet werden. Wenn in den Rezepten zu diesem Buch also von Znaimer Gurken die Rede ist, dann immer vom süß-sauren Original.

Die so genannten Znojemské okurky sind das berühmteste landwirtschaftliche Produkt der Stadt Znojmo (Znaim), und der Gurkenanbau ist dort seit der Zeit von Karl dem Großen bekannt, wurde aber erst durch Kaiser Karl V. wirklich forciert. Nach dem Niedergang des Weinbaus in der Region wurde die Gurke dann ab ca. 1870 zum wichtigsten Produkt der Umgebung. Mit der Vertreibung der deutschsprachigen Bevölkerung aus der Tschechoslowakei nach dem Zweiten Weltkrieg ging nicht nur das Wissen der Bauern über den regionalen Gurkenanbau verloren, sondern auch die traditionellen Gurkensorten, welche perfekt an Klima und Böden angepasst waren. So stehen die echten Znaimer Gurken heute genau genommen gar nicht mehr zur Verfügung, weil es das originale Saatgut nicht mehr gibt.

Heute werden – vor allem mit Unterstützung und Mitteln der EU – in Znaim zwar wieder Gurken angebaut, doch mit neuem Saatgut. Die Qualität der Gurken ist zweifelsohne wieder hervorragend, aber es gibt – streng genommen – keine echten Znaimer Gurken mehr. Auch die Vielfalt an Sorten sorgt für Verwirrung, doch fest steht, dass das süß-sauere Original auch heute noch das Beste ist, was die Region erzeugt.

Frey & Felix

Relikte aus der goldenen Zeit der Znaimer Gurkenmanufaktur finden wir in Österreich z. B. mit der Firma AB Felix und der Delikatessen-Manufaktur Frey in Wien Floridsdorf.

Zunächst musste im Zuge der gewaltsamen Änderungen der Besitzverhältnisse durch die Nationalsozialisten mit ihrer rigorosen antisemitischen Haltung und kompromisslosen Arisierungspolitik ein gewisser Herbert Felix von der 1868 gegründeten Firma Löw & Felix nach Schweden flüchten, baute dort mit dem Namen AB Felix einen neuen Gurkenverarbeitungsbetrieb auf und kam dann später – auf Drängen seines Cousins Bruno Kreisky – im Jahre 1959 nach Österreich, wo er im burgenländischen Mattersburg die Firma „Felix Austria“ gründete.

Nach dem Zweiten Weltkrieg kam es im Zuge der Vertreibung der deutschstämmigen Bevölkerung dazu, dass ein anderer Traditionsbetrieb, nämlich die „Znaimer Konserven“, nach mehr als sechs Generationen von den Betreibern aufgegeben werden musste. Diese siedelten sich in Wien neu an und etablieren in Floridsdorf mit der Delikatessenmanufaktur Frey eine der heute renommiertesten Konservenerzeugungen Österreichs.

Lammrouladen
Závitky z jehněčího masa

600 g Lammschnitzel • Salz • 50 g in hauchdünne Scheiben geschnittenen Hamburger Speck • 50 g Speckwürfel • 3 EL Butter • 120 g Zwiebelringe • 300 ml Suppe • Sardellenpaste • Zitronensaft und -schale • 1 EL Kapern • 1 Eidotter (Eigelb) • 250 ml Sauerrahm (saure Sahne) • 2 EL Mehl
***Fülle*: 50 g Hamburger Speck • 50 g Zwiebeln • 100 g Lammleber • Salz**

* Für die Fülle Speck in kleine Würfel schneiden und glasig anrösten, klein geschnittene Zwiebeln im ausgelassenen Speck anschwitzen. Lammleber faschieren, salzen und zum Speck-Zwiebel-Gemisch geben, gut vermengen.
* Schnitzel salzen, mit der Fülle bestreichen, dann einrollen, mit Hamburger Speck umwickeln und mit Zahnstochern fixieren.
* In einer großen Pfanne Speckwürfel in Butter rösten, Zwiebelringe zugeben und glasig anschwitzen. Rouladen ebenfalls in die Pfanne geben, rundum anbraten, mit der Suppe aufgießen und ca. 1 Stunde dünsten. Sardellenpaste, Zitronensaft und -schale sowie die Kapern mitdünsten.
* Eidotter mit 2 EL Sauerrahm verrühren, Mehl mit restlichem Sauerrahm verrühren und alles in die Sauce, in der die Rouladen dünsten, einrühren, einige Minuten verkochen lassen.

Nockerln oder Teigwaren passen gut als Beilage.

Feinschmecker-Fasan
Bažant po labužnicku

Zutaten für 2 Portionen

1 küchenfertig vorbereiteter Fasan • Salz • frisch gemahlener Pfeffer • 150 g Butter • 1 Zwiebel • 1 Karotte • 2 Zitronenscheiben • 1 Lorbeerblatt • 5 Pfefferkörner • 2 Gewürznelken • 250 ml Weißwein • 2 EL Sauerrahm (saure Sahne)

* Fasan innen salzen und pfeffern und mit der zerlassenen heißen Butter übergießen.
* In einer Kasserolle mit Zwiebelringen, Karottenscheiben, Zitronenscheiben, allen Gewürzen und dem Wein langsam ca. 1–1 ½ Stunden dünsten.
* Fasan herausnehmen, Sauce mit Sauerrahm binden und kurz aufkochen. Den Fasan portionieren und mit der Sauce anrichten.

Mährischer Fasan

Bažant po moravsku

Zutaten für 2 Portionen

1 küchenfertig vorbereiteter Fasan • 100 g dünn geschnittene Speckscheiben • 1 großer Bogen Backpapier • 50 g Butter • 50 g Speck • 300 g Kraut (Kohl) • 50 g Gänseschmalz • Salz • Pfeffer

* Die Fasanenbrust mit Speckscheiben umwickeln. Backpapier mit zerlassener Butter bestreichen, den Fasan in das Papier einwickeln und mit Küchengarn umwickeln und im Backofen bei 160 °C 45–60 Minuten langsam braten.
* Fasan auspacken und in einer Pfanne in würfelig geschnittenem Speck knusprig braun braten.
* Das Kraut klein schneiden und mit Schmalz weich dünsten, mit Salz und Pfeffer abschmecken und den Fasan auf Kraut angerichtet auftischen.

Wildschwein in Weichselsauce

Kančí na višňové omáčce

1,75 kg Wildschweinfleisch • Essig • Salz • 350 g frische Weichseln (Sauerkirschen) • 350 ml Weißwein • 200 ml Wildfond • 50 g Butter • 50 g Mehl • 50 g Mandeln • Zitronenschale (unbehandelt) • 50 g Zucker • 1 Prise Gewürznelkenpulver

* Fleisch in einem Sud aus 2 Teilen Wasser, 1 Teil Essig und Salz weich kochen.
* Die Weichseln (samt Kernen) im Mörser zerquetschen (einige unversehrte Weichseln zur Dekoration beiseite stellen) und das Weichselmus samt den Kernen im Wein 30 Minuten kochen, Wildfond zugeben und anschließend abseihen.
* Aus Butter und Mehl eine braune Einbrenn (Mehlschwitze) zubereiten. Mit dem Weichsel-Wildfond-Sud aufgießen, gut verrühren und ca. 20 Minuten bei geringer Hitze köcheln lassen. Geriebene Mandeln, Zitronenschale, Zucker und Gewürznelkenpulver zugeben, kurz aufkochen.
* Das weich gekochte Fleisch in dünne Scheiben schneiden mit der abgeseihten Sauce übergießen.

Statt der Weichseln kann man auch Hagebutten nehmen.

Wildschwein altböhmisch

Kanec po staročesku

1,5 kg Wildschweinschlögel (Keule) • Salz • 150 g Speck zum Spicken • 4 Knoblauchzehen • 100 g Butter • 125 ml Suppe • 1 EL Essig • 250 ml Sauerrahm (saure Sahne)

* Das Fleisch salzen, mit der Hälfte des Specks und dem Knoblauch spicken.
* Restlichen Speck würfelig schneiden, mit Butter in einem Topf erhitzen, die Keule darin anbraten.
* Suppe und Essig hinzufügen und das Fleisch weich dünsten. Den fertigen Bratensaft mit Sauerrahm binden und kurz aufkochen lassen.

Als Beilage passen Kartoffeln sehr gut, aber auch Teigwaren oder Knödeln.

Rehschlögel (Rehkeule)

Srnčí na černo

1 kg Rehschlögel • 100 g Butter • 150 g Wurzelwerk (Sellerie, Karotte, Petersilienwurzel) • 1 Zwiebel • 1 Zitrone (unbehandelt) • 1 Zimtstange • 2 Lorbeerblätter • Thymian • Salz • 5 Pfefferkörner • 5 Pimentkörner • 1 EL Mehl • 250 ml Suppe • 1 EL Essig • 250 ml Rotwein • 1 EL Powidl (Zwetschkenmus) • 1 TL Zucker • 50 g Mandeln • 50 g Rosinen

* Den Rehschlögel mit Butter, klein geschnittenem Wurzelwerk, Zwiebel, abgeriebener Zitronenschale, Zimtstange, Lorbeerblättern, Thymian, Salz, Pfeffer und Piment unter Zugabe von wenige Flüssigkeit (Wasser oder Brühe) dünsten.
* Fertiges Fleisch herausnehmen, Bratensatz durchseihen, mit Mehl stauben und eine Zeit lang dünsten lassen.
* Mit Suppe und Essig aufgießen. Langsam köcheln, Wein und Powidl hinzufügen, alles gut durchrühren, aufkochen und mit Zucker und Zitronensaft ca. 1 Stunde kochen (die Sauce muss ganz glatt sein).
* Zum Schluss blanchierte, klein gehackte Mandeln und Rosinen beimengen. Fleisch wieder in die Sauce geben und einige Minuten darin ziehen lassen.

Mit Knödeln als Beilage servieren.

Hase in Rahmsauce

Zajíc na smetanové omáčce

2 Hasenrücken (oder 4 Keulen) • Salz • 80–100 g grüner Speck • 150 g Wurzelwerk (Sellerie, Karotten und Petersilienwurzel) • 100 g Zwiebeln • 8 Pfefferkörner • 4 Pimentkörner • 1 Lorbeerblatt • Thymian • Zitronenschale • 120 g Butter • 300 ml Rindsuppe • 500 ml Sauerrahm (saure Sahne) • 40 g Mehl • Zitronensaft

* Hasenrücken waschen und von den Häuten befreien. Den mit Salz eingeriebenen Speck in 3 mm starke und 5 mm lange Streifen schneiden und damit das Fleisch in Faserrichtung in kurzen Abständen spicken.
* Geschnittenes Wurzelwerk, Zwiebeln, Pfeffer, Piment, Lorbeerblatt, Thymian und Zitronenschale in Butter anrösten.
* Hasenrücken dazugeben und auf allen Seiten braun anbraten, dann mit Suppe aufgießen und weich dünsten.
* Das Fleisch aus der Sauce heben, Sauce samt Wurzelwerk passieren.
* Sauerrahm mit Mehl glatt rühren, unter die Sauce mengen, ganz kurz aufkochen lassen und mit Zitronensaft würzen.

Als Beilage Semmelknödel oder böhmische Knödel reichen.

Hirschschulter
Jelení plec naložená ve víně

1 kg Hirschschulter • 100 g Speck • 700 ml Rotwein • Salz • 1 Zwiebel • 2 Lorbeerblätter • ½ Zitrone (unbehandelt) • 5 Pfefferkörner • 2 Gewürznelken • 50 g geriebene Brotkruste • 100 g Butter • 125 ml Sauerrahm (saure Sahne)

* Die Schulter mit Speck spicken und für 4 Tage im Wein beizen, jeden Tag wenden.
* Danach die Schulter herausnehmen, salzen, in einen Topf geben, mit der Hälfte des Weins begießen.
* In Ringe geschnittene Zwiebel, Lorbeerblätter, Zitronenschale, Pfefferkörner, Gewürznelken und die geriebene Brotkruste dazugeben, das Fleisch langsam dünsten. Die Butter dazugeben und Sauerrahm unterziehen, ca. 3 Stunden leise ziehen lassen (nicht kochen).
* Die fertige Sauce passieren.

Als Beilagen passen Knödel, Teigwaren und Preiselbeeren.

Gebratene Gans nach Familie Simonek

Pečená husa dle rodiny Simonkové

G. W. Sievers erinnert sich

Die Familie Simonek stammte ursprünglich aus Böhmen, wo sie zwei Gutshöfe bewirtschaftete; einen mit gemischter Landwirtschaft, der andere war auf Gänse und Karpfen spezialisiert. Ende des 19. Jahrhunderts wanderte ein Sohn des Hauses nach Wien aus und gründete von der Brigittenau aus sehr erfolgreich mehrere Lebensmittelgeschäfte, die vor allem die Produkte aus den elterlichen Gutshöfen vertrieben. Seine älteste Tochter – eine gewisse Magdalena Simonek – sollte meine Großmutter werden. Von ihr erfuhr ich viel über die böhmische Küche, denn im herrschaftlichen Haus der Familie Simonek werkten zwei legendäre böhmische Köchinnen, die viel von ihrem Wissen zunächst an Magdalena weitergaben, die es dann mir, dem kochbegeisterten Enkel, vermittelte. Neben dem handwerklichen Wissen wurden aber auch Geschichten und Legenden weitergegeben, und eine von ihnen handelt von einem nach heutigen Vorstellungen unvorstellbar opulenten Gänseschmaus.

Meine Urgroßeltern mütterlicherseits – ein persönliches Kennenlernen blieb mir leider versagt – dürften richtig klassische Bonvivants gewesen sein. Meine Großmutter hat mir oft von dem Luxus berichtet, in dem sie groß geworden war. Immerhin hatten ihre Eltern mehrere Lebensmittelgeschäfte in der Brigittenau, und nahezu täglich wurden für diese ganze Wagonladungen an Viktualien nach Wien gekarrt. Nach ihren Erzählungen habe sie jeden Abend Stunden mit Geldzählen verbracht, während sich die Eltern ihrem größten Hobby – nämlich dem Essen – hingaben. Nestroys Ausspruch *Heut muss der Tisch sich völlig bieg'n* soll im Elternhaus meiner Großmutter jeden Tag gelebt worden sein. In der Tat sollen es meine Urgroßeltern geschafft haben, sich während des Zweiten Weltkrieges im wahrsten Sinne des Wortes zu Tode zu fressen. Irgendwas muss also dran gewesen sein an der sagenhaften Völlerei.

Ja, und der Lieblingsschmaus meines Urgroßvaters soll Gänsebraten gewesen sein, auch dies wurde mir in unzähligen Wiederholungen klar gemacht: Genau an diesem Schmaus wäre er nämlich letztendlich verstorben! Da meine Großmutter selbst den Vogel nicht sehr schätzte, war er wohl für sie nicht mehr als ein Schicksal bringendes Subjekt, dem man die Schuld („guten Gewissens") zuweisen konnte. Zu ihrem Bedauern war aber auch mein Wiener Großvater selig ein großer Gansl-Fan und wurde von meiner Großmutter – wann immer sie dazu im Stande war – vom Gänsebraten ferngehalten. Genutzt hat's nichts, er aß ihn, wann immer er konnte, beim Wirt unten im Haus und trank dazu stets reschen Wein. Und … gestorben ist er daran jedenfalls nicht!

Aber zurück zu meinen Urgroßeltern, die ja so große Genießer gewesen sein sollen. Vielleicht habe ich meinen unersättlichen Gusto nach den feinsten Viktualien ja von ihnen geerbt – denkbar wäre das jedenfalls. Gleich zwei(!) böhmische Köchinnen von guter Gestalt sollen im Dienst des Hauses gestanden haben, dazu ein Knecht fürs Grobe und zum Holzmachen. Und diese begnadeten Köchinnen hinterließen kein Kochbuch(!), nicht einmal schriftliche Aufzeichnungen, aber immerhin so viel Eindruck bei meiner Großmutter, dass das legendäre Gänsebraten-Rezept an dieser Stelle wiedergegeben werden kann. Es ist ein Zeugnis einer Zeit und Gesellschaft, die offensichtlich noch zu leben verstanden hat und keinen Genuss scheute, geschweige denn reute. Ich will ja nichts sagen, aber was da oftmals als Martinigans auf den Tellern in diversen Wiener Beisln dahergebracht wird, kann sich mit diesem Schmaus nicht messen. Daher habe ich eine Bitte: kochen Sie – liebe und hoffentlich geneigte Leser – nachstehendes Rezept bitte unbedingt wenigstens einmal nach und genießen Sie den schlaraffischen Schmaus! Sie werden an mich denken und sagen: *Mein Gott, kann das Leben und das Genießen schön sein!* – Guten Appetit!

Eines noch vorweg: Eine Gans (glücklich und eher fett gewachsen sowie von guter Statur, mindestens 6 Kilo schwer – alles andere sind staubtrockene und armselige Existenzen ohne Fett, damit ohne Saft und Kraft und letztlich auch ohne Geschmack!) ist für maximal vier Personen, alles andere ist Geiz, Unsinn oder Schlankheitswahn und hier am falschen Platze! Meine Urgroßeltern waren sogar der Auffassung, dass man eine Gans nur für zwei Personen berechnen sollte, aber man muss es ja nicht übertreiben!

1 Weidegans (ca. 6 kg) • Salz • getrockneter Majoran (oder Bohnenkraut) • einige kleine Äpfel • einige Gewürznelken • 1 TL Butter • Mehl zum Stauben • etwas Hühnersuppe

***Gänsehals:* Haut von 1 Gänsehals • 1 Gänseherz • 1–2 Knoblauchzehen • 200 g Mehl • 150–200 g in Schmalz eingelegte Gänseleber • 1–2 TL edelsüßes Paprikapulver • reichlich Pfeffer • Salz**

***Beilagen*: eingebranntes Sauerkraut, böhmisches Rotkraut, böhmische Knödel und Kartoffelknödel (ja, sie wurden tatsächlich ALLE aufgetischt!) – Rezepte im nächsten Kapitel ab S. 114**

***Gänseleber-Taschen:* 1 kleinere Mast- oder Stopfleber (etwa 400 g) • 100 g Kartoffeln • 2 EL Öl • 40 g fein gewiegte Zwiebeln • 1 EL frischer Majoran • Salz und Pfeffer • 3 EL Semmelbrösel (Paniermehl) • 1 Schuss Portwein • 1 Portion Kartoffelteig (s. S. 120)**

***Geröstete Gänseleber:* die Leber der verarbeiteten Gans • etwas Gänseschmalz • 1 Zwiebel • frischer Majoran • Thymian • Salz und Pfeffer aus der Mühle**

* Zunächst den **Gänsehals** vorbereiten: Hierfür die abgezogene Haut des Gänsehalses an einem Ende zusammenbinden. Das mit dem gehäuteten Gänsehals in Salzwasser oder Hühnersuppe weich gekochte Herz fein hacken und mit dem abgeschabtem Fleisch vom Halsknochen sowie dem zerdrückten Knoblauch mischen. Das Mehl mit zerlassenem Gänseschmalz (von der eingelegten Leber), mit Paprikapulver, Pfeffer und Salz vermengen. Etwas von der eingelegten Leber zerdrücken. Nun das mit Knoblauch gewürzte Gänsefleisch, die Mehlmischung und die zerdrückte Leber zu einer homogenen Masse verarbeiten und die Haut damit füllen. Schließlich auch das andere Ende zusammenbinden und beiseite legen. Den Hals die letzte Stunde mit der Gans zusammen braten.
* Nun die **Gans** innen und außen waschen, abtrocknen und mit Salz einreiben. Den Vogel innen zusätzlich mit Majoran (und wenn vorhanden einigen Muskatblüten) würzen. Die Bauchhöhle mit ungeschälten, vom Kerngehäuse befreiten und mit Gewürznelken gespickten Äpfeln ausfüllen, dann die Gans zunähen, Füße und Flügel am Körper feststecken. Das Tier mit der Brust nach unten in einen nicht zu großen Bräter legen, mit zerlassener Butter (oder Gänseschmalz) übergießen und etwas Wasser dazugeben.
* Die Gans in den Ofen schieben und bei lebhafter Hitze (ca. 160–180 °C) unter öfterem Begießen mit Eigensaft und regelmäßigem Abschöpfen des Fettes ca. 2 Stunden braten. Sobald der Rücken goldbraun ist, das Tier umdrehen und weiterbraten, dabei die stärkeren Fleischteile und die Keulen mehrmals anstechen und den Vogel fertig braten, bis er rundherum schön knusprig braun ist (insgesamt je nach Größe und Art des Ofens etwa 3–4 Stunden).
* Während die Gans im Ofen brät, die Beilagen und die **Gänseleber-Taschen** vorbereiten: Dafür die Leber häuten, in Alufolie wickeln und bei 160–180 °C maximal 20 Minuten im Backofen braten. Zwischenzeitlich die Kartoffeln in der Schale kochen. Die gegarte Leber durch die

feine Scheibe des Fleischwolfs drehen. Die weich gekochten Kartoffeln schälen und ebenfalls durch den Fleischwolf drehen, Lebermasse mit der Kartoffelmasse vermengen. In Öl geröstete Zwiebeln, Majoran, Salz und Pfeffer dazugeben, Konsistenz mit Bröseln regulieren und alles mit Portwein abschmecken. Den vorbereiteten Kartoffelteig auf einer bemehlten Arbeitsplatte etwa 0,5 cm dick auswalken und Kreise mit 8 oder 10 cm Durchmesser ausstechen. Je einen gehäuften Teelöffel Füllung auf eine Teigscheibe setzen, eine zweite Teigscheibe darauflegen und an den Rändern mit dem Fingern gut verschließen (zusammendrücken). Die Teigtaschen später – kurz bevor die Gans tranchiert wird – in reichlich Salzwasser garen und auf der Servierplatte als Dekoration dazugeben (Erzählungen meiner Großmutter zufolge wurden diese Taschen zusätzlich mit in Gänseschmalz abgerösteten Zwiebeln und frischen Thymianzweiglein garniert).

* Für die **geröstete Leber** die Gänseleber häuten, von allen Adern etc. befreien und 30 Minuten in Milch einlegen. Dann die Leber herausnehmen und die beiden Lappen trennen, flach in Längsrichtung halbieren, so dass man 4 Stücke erhält, diese zart mehlieren. Kurz bevor die Gans fertig ist, die Leber in Schmalz unter Zugabe der gehackten Zwiebel und der Kräuter rösten. Den Bratensatz mit wenig Brühe loskochen, abschmecken und beim Anrichten über die Leber träufeln.
* Ist die Gans rundherum schön knusprig gebraten, aus dem Bräter heben und warm stellen. Den Bratensaft abgießen und nach Wunsch etwas entfetten; die Bratenrückstände im Bräter mit Mehl stauben, dieses kurz durchrösten, danach mit etwas Hühnersuppe (oder Wasser) ablöschen und verkochen (laut meiner Großmutter kam auch ein kräftiger Schuss Weinbrand dazu). Den (eventuell entfetteten) Bratensaft und die Butter hinzugeben, die Sauce sorgfältig abschmecken.

Anrichten: Alle vorgesehenen Beilagen in entsprechendes Geschirr füllen, die böhmischen Knödel und Kartoffelknödel dabei mit etwas ausgebratenem Gänseschmalz beträufeln und vermischen, damit sie nicht zusammenkleben. Die Gans in 4 Teile zerlegen, auf einer silbernen Platte anrichten und mit der gerösteten Leber, den Gänselebertaschen sowie dem in Scheiben geschnittenen Gänsehals dekorativ umlegen. Die Gans mit dem Bratensaft auftischen und das fürstliche Mahl genießen!

Dies war übrigens nur der Hauptgang, denn davor gab es natürlich eine Gänse- oder Geflügel-Einmachsuppe, und nach dem Braten wurde selbstverständlich „Geröstetes Knoblauchbrot mit Stopfleber“ serviert, bevor eine zarte, liebevoll zubereitete böhmische Mehlspeise den Ausklang versüßte.

Wie meinte noch der begnadete Schauspieler Fritz Imhoff – von Völlerei gezeichnet, müde und angeschlagen, mit schwerem Atem und bleischwerer Zunge –, als er gegen Ende eines überaus opulenten Gelages die feinen Gänseleberbrötchen seiner Gastgeberinnen wahrgenommen hatte: *„Ts' … das wird ja net zum Derscheißen sein, morgen …!“*

Immer wieder Knödel – mehr als nur eine Beilage!

In ganz Böhmen isst man gerne Knödel (Klöße), so viel steht fest. Und dabei spielt es kaum eine Rolle, ob diese aus Mehl-, Kartoffel-, Brösel-, Semmel- oder sonst einem Teig zubereitet wurden oder überhaupt gleich gefüllt (was meist ja noch besser ist) auf den Tisch kommen. Knödel bleiben Knödel, und Knödel liebt man!

Mehlknödel

Moučný knedlík

500 g Mehl mit einigen Löffeln zerlassenem **Schmalz** sowie etwas **Salz** gut vermengen, dann mit so viel kochendem **Wasser** vermengen, dass ein trockener, fast krümeliger Teig entsteht. Daraus sofort kleine Knödeln formen, diese in Salzwasser langsam kochen.

Grießknödel

Krupicový knedlík

250 g frisch gekochte **Kartoffeln** schälen und noch heiß zerdrücken, **2–3 EL Fett** (oder geröste-ten Speck) dazugeben, weiters ein **Ei, Salz** und etwa die gleiche Menge **Grieß** wie Kartoffeln einarbeiten. Teig zu Knödeln formen und diese in kochendem Salzwasser garen. Als Suppen-einlage oder mit geröstetem Speck als Hauptspeise servieren.

Böhmische Semmelknödel

Houskový knedlík

5 altbackene Semmeln (Brötchen) • 1–2 EL fein gewiegte Petersilie • 20 g Butter • 30 g Mehl • 1 Ei • Salz

* Die Semmeln würfelig schneiden und zusammen mit der Petersilie so lange in Butter rösten, bis sie knusprig sind. Aus Mehl, Ei, Salz und ca. 125 ml Wasser einen eher festeren Teig machen, die Semmeln dazumischen und alles zusammen 30 Minuten rasten lassen.
* Danach zu größeren Knödeln formen und diese in kochendem Salzwasser 20 Minuten leise ziehen lassen.

Die fertigen Knödel mit brauner Butter (Nussbutter) beträufeln.

Semmelknödel nach Großmutters Art
Knedlík na babiččin způsob

300 g würfelig geschnittene Semmeln (Brötchen) • 100 ml Milch (eventuell etwas mehr) • knapp 200 g Butter • 6 Eier • 1–2 Hand voll fein gehackte Petersilie • 4–5 EL Mehl • 4–5 EL Semmelbrösel (Paniermehl) • Salz

* Die würfelig geschnittenen Semmeln in einer weiten Schüssel mit Milch benetzen. Die Butter abtreiben, drei ganze Eier und drei Eidotter (Eigelb) dabei einarbeiten. Den Butterabtrieb, Petersilie, Mehl und Semmelbrösel unter die eingeweichten Semmelwürfel heben, salzen.
* Aus der gut durchgearbeiteten Masse nun möglichst gleich große Knödel formen und in leicht wallendem Salzwasser 10–12 Minuten gar ziehen lassen. Knödel herausheben, abtropfen lassen und z. B. zu Schweinsbraten servieren.

Gewürzte Semmelknödel
Kořeněný knedlík

6 altbackene Semmeln (Brötchen) • 3 Eier • 500 g gekochte und passierte Kartoffeln • 1 Prise gemahlener Piment • 1 Prise frisch gemahlener Pfeffer • 1 Prise Muskatnuss • 1 TL Majoran • 1 TL Salz • Mehl nach Bedarf

* Die Semmeln würfelig schneiden, die Eier in 250 ml Wasser versprudeln und danach über die Semmeln gießen. Die passierten Kartoffeln mit den vorgesehenen Gewürzen vermengen, danach mit den mittlerweile durchgeweichten Semmelwürfeln vermischen. Nur gerade so viel Mehl dazugeben, dass die Masse zusammenhält – das erfordert ein wenig Erfahrung und Fingerspitzengefühl.
* Teigmasse zu mittelgroßen Knödeln formen und in leicht kochendem Salzwasser 15 Minuten gar ziehen lassen.

Serviettenknödel

Ubrouskový knedlík

Die Zubereitung von Serviettenknödeln ist für ungeübte Köche eine sichere Alternative, da die Masse durch das Einwickeln der Knödelmasse in eine Serviette fest zusammengehalten wird und nicht zerkocht. Allerdings werden heute Serviettenknödel zum Garen nicht unbedingt immer in eine Serviette gewickelt, sondern auch in Alufolie oder Frischhaltefolie. Natürlich sind sie dann trockener in der Konsistenz, was mitunter sogar gewünscht wird, doch ich bevorzuge die klassische Methode – und das nicht nur, weil die Serviettenknödel ihren Namen daher haben.

6 leicht entrindete altbackene Semmeln (Brötchen) • 4 Eier • 80 g Butter • etwa 225 ml Milch • Muskatnuss • Salz • zerlassene Butter für die Serviette

* Die Semmeln würfelig schneiden und die Eier trennen. Die Semmelwürfel in Butter etwas rösten, dann in eine weite Schüssel füllen. Eidotter (Eigelb) mit Milch, Muskatnuss und Salz vermischen, danach über die Semmelwürfel gießen. Die Masse zusammendrücken und 30 Minuten ziehen lassen.
* Zwischenzeitlich Eiklar (Eiweiß) steif schlagen, Eischnee nach der Ruhezeit unter die Knödelmasse heben.
* Eine große, ungestärkte Serviette ausbreiten und mit zerlassener Butter großzügig einstreichen. Die Knödelmasse mit beiden Händen zusammendrücken und zu einer dicken, aber gleichmäßigen Rolle (Durchmesser 8–10 cm) formen. Die Rolle auf die gebutterte Serviette legen, dann nicht allzu fest zusammenrollen (Masse geht während des Kochens auf) und an den Enden zusammenbinden. Die Rolle in einem ausreichend großen Topf in Salzwasser etwa 35–45 Minuten garen oder auf einem Einsatz dämpfen.
* Fertigen Serviettenknödel aus dem Wasser heben, etwas abkühlen lassen und aus der Serviette ausrollen. In dicke Scheiben schneiden und auf einer Platte anrichten, nach Wunsch Butterbrösel darüberstreuen.

„Häferlknödel“
Hrníčkový knedlík

Die Häferln (Becher) sollten 250 ml Fassungsvermögen haben.

1 Häferl griffiges Mehl • 1 Häferl Milch • 2 Eidotter (Eigelb) • 1 TL Salz • 2 ½ Semmeln (Brötchen) • 2 Eiklar (Eiweiß) • 60–75 g Butter

* Mehl, Milch, Eidotter und Salz vermischen, würfelig geschnittene Semmeln untermischen und die zu steifem Schnee geschlagenen Eiklar unter die Masse heben.
* Drei Häferln mit Butter gut ausfetten, die Masse hineinfüllen, Häferln in ein Wasserbad stellen und zugedeckt 25–30 Minuten kochen, anschließend aus den Häferln stürzen, in Scheiben schneiden und – nach Belieben – mit in Butter angerösteten Semmelbröseln bestreuen.

Germteigknödel (Klöße aus Hefeteig)
Kynutý knedlík

300 g griffiges Mehl • 10 g frische Hefe • 1 Ei • 1 TL Zucker • 1 TL Salz • etwas lauwarme Milch • 1 Semmel (Brötchen)

* Am besten bereitet man den Teig mit einer Küchenmaschine: Mehl in die Rührschüssel geben, zerbröselte Hefe, Ei, Zucker und Salz hinzufügen. Nun die Küchenmaschine einschalten und ganz langsam die lauwarme Milch nach und nach dazugießen. Den Teig nun so lange kneten, bis er sich von der Schüssel löst (ca. 20–30 Minuten). Danach den Teig zugedeckt an einem warmen Ort aufgehen lassen (z. B. im auf 30–40 °C erwärmten Backofen).
* In der Zwischenzeit die Semmel würfelig schneiden und – wenn der Teig aufgegangen ist – dazumischen, den Teig erneut gut durchkneten. Nun den Teig auf einer bemehlten Arbeitsfläche zu zwei gleich großen, länglichen Rollen formen. Diese in siedendem Salzwasser 15 Minuten kochen, dabei ein- oder zweimal umdrehen.
* Die Knödel aus dem Wasser heben und mit einem Zwirn in Scheiben schneiden (hierfür den Zwirn zuerst unter die Rolle legen, dann oben überkreuzen und schließlich durch den Knödel ziehen (zusammenziehen).

Speckknödel
Knedlík se slaninou

330 g Semmeln (Brötchen) • 330 g Selchspeck (geräucherter Speck) • 1 kleinere Zwiebel • 1–2 zerdrückte Knoblauchzehen • 250 ml Milch • 3–4 Eier (je nach Größe) • etwas gemahlener Kümmel • Salz • 250 g Mehl • 1–2 EL gehackte Petersilie

* Semmeln und Speck in kleine Würfel schneiden, den Speck in einer Kasserolle auslassen, bis er glasig ist. Die fein gehackte Zwiebel und etwas später auch den Knoblauch hinzufügen. Schließlich die Semmelwürfel darin so lange rösten, bis sie goldgelb sind. Kasserolle vom Herd nehmen und Semmelwürfel mit der Hälfte der Milch benetzen.
* Restliche Milch mit den Eiern versprudeln, mit Kümmel und Salz würzen, dann ebenfalls über die Semmelwürfel gießen. Zuletzt das Mehl und die Petersilie dazugeben und alles vermischen, 15–20 Minuten rasten lassen.
* Dann mit feuchten Händen Knödel formen und diese in kochendem Salzwasser 10–20 Minuten (je nach Größe) garen.

Böhmische Knödel
Český knedlík

500 g griffiges Mehl • 1 TL Salz • 2 Tassen Milch • 2 Eidotter (Eigelb) • 2–3 altbackene Semmeln (Brötchen) • mindestens 3 l Salzwasser • 1 Msp. Backpulver

* Mehl und Salz in eine Schüssel geben, die mit der Milch verquirlten Eidotter zugeben und die Masse zu einem nicht allzu festen Teig verarbeiten (durch Ruhen wird er dicker). So lange rühren, bis der Teig glänzt, nicht mehr am Kochlöffel klebt und Blasen schlägt, dann zudecken und mindestens eine halbe Stunde ruhen lassen.
* Die Semmeln in kleine Würfel schneiden (man kann sie in wenig Fett leicht anbraten oder im Backofen auf dem Backblech rösten). Das Salzwasser in einem weiten Topf auf den Herd stellen, in den ausgeruhten Teig das Backpulver mit etwas Mehl sowie die Semmelwürfel gut unterrühren. Auf dem bemehlten Küchenbrett 15–20 cm lange, 4–5 cm breite längliche Teigrollen formen und diese gleich ins stark brodelnde Wasser gleiten lassen, darauf achten, dass das Wasser nicht zu kochen aufhört. Wenn die Knödel nicht gleich an die Wasseroberfläche steigen, muss man sie vorsichtig mit dem Kochlöffel anheben. Das Gefäß zudecken, nach einer Weile die Kochtemperatur etwas verringern und nach 15 Minuten die Knödel wenden.
* Nach 25–30 Minuten die Knödel vorsichtig herausnehmen (und zwar mit Hilfe einer langen Fleischgabel oder zweier Dessertteller). Knödel in der Mitte durchschneiden und überprüfen, ob sie durch sind (ist die Mitte noch klebrig, Knödel wieder ins Wasser legen und einige Minuten fertig kochen). Die fertigen Knödel in Scheiben (etwa 10 cm dick) schneiden und kurz liegen lassen, damit der Dampf entweicht.

Als Beilage zu Schweinebraten mit Sauerkraut oder Weißkraut (Weißkohl), zu Gänse- oder Entenbraten wie auch zu anderen Fleischspeisen servieren.

Südböhmische Knödel
Jihočeský bramborový knedlík

* **300 g Kartoffeln** kochen, heiß schälen, reiben und auf einem Teller zum Ausdampfen ausbreiten. **1 kg Kartoffeln** roh schälen, waschen und auf einem Reibeisen in eine Schüssel mit kaltem Wasser reiben. Danach die gewässerten Kartoffeln durch ein Tuch seihen (Flüssigkeit auffangen!) und so fest wie nur möglich ausdrücken.
* Den so gewonnenen Kartoffelklumpen mit den vorgekochten, geriebenen Kartoffeln vermischen und die Masse **salzen**. Nun das Auspresswasser vorsichtig abgießen und die **Stärke**, die sich am Boden abgesetzt hat, zum Teig geben. Alles zu einem glatten Teig verarbeiten (übrigens: Mehl kommt keines dazu!).
* Mit nassen Händen zu Knödeln formen, diese in kochendem Salzwasser etwa 20 Minuten garen.

Kartoffelknödel
Bramborový knedlík

500 g mehlig kochende Kartoffeln • 100 g Mehl • 40 g Grieß • 1 Ei • 1 Eidotter (Eigelb) • 2 EL zerlassene Butter • Salz

* Kartoffeln in der Schale kochen, über Nacht auskühlen lassen, schälen und passieren. Mit den übrigen Zutaten zu einem homogenen Teig verkneten, eher kleinere Knödeln formen und diese in Salzwasser etwa 8 Minuten leicht wallend kochen.

Kartoffelknödel auf andere Art
Bramborový knedlík na jiný způsob

500 g Kartoffeln • 160 g Butter • 2 Eier • 3 Eidotter (Eigelb)• 4 EL Grieß • 2 EL Mehl • gehackte Petersilie • Salz

* Die Kartoffeln kochen, heiß passieren und mit der abgetriebenen Butter, den Eiern und Eidottern, dem Grieß, dem Mehl, der gehackten Petersilie und einer guten Prise Salz abrühren. Eine halbe Stunde lang zugedeckt rasten lassen, aus der Masse nicht zu große Knödel formen und diese in siedendem Salzwasser eine halbe Stunde garen.

Abgebratene Kartoffelknödel
Bramborový knedlík opékaný

1 kg Kartoffeln mit der Schale 30–45 Minuten im Rohr braten, danach schälen und passieren. Kartoffelmasse mit **80 g Butter**, **3 ganzen Eiern, Muskatnuss, fein gehackter Petersilie** und **Salz** glatt verrühren, danach kalt stellen. Wenn die Masse abgekühlt ist, kleine Knödel formen, diese in verschlagenem **Ei** und **Böseln** (Paniermehl) wenden und anschließend in heißem **Schmalz** herausbacken.

Eine Sensation zu Wildgerichten!

Geriebene Kartoffelknödel (Reiberknödel)

200 g rohe Kartoffeln schälen, reiben und in einem Tuch auspressen, **500 g gekochte Kartoffeln** schälen, passieren und mit den rohen Kartoffeln vermengen. Masse **salzen** und zu Knödeln formen, in Salzwasser 15–20 Minuten kochen.

Als Beilage zu Schweinsbraten oder Geselchtem (Geräuchertem) servieren.

Knödel „halb-halb“
Bramborový knedlík "půl na půl"

500 g rohe Kartoffeln • **500 g gekochte Kartoffeln (entspricht etwa 750 g rohen Kartoffeln)** • **Salz** • **3 EL Mehl**

* Die rohen Kartoffeln schälen, reiben und leicht ausdrücken, danach mit den gekochten, geschälten und passierten oder gepressten Kartoffeln vermischen, salzen und die Konsistenz mit Mehl regulieren.
* Daraus Knödeln formen, diese etwa 20 Minuten in Salzwasser kochen.

Aufgrund ihrer grau-grünen Färbung werden diese Knödel auch „Grüne Knödel“ genannt.

Strapazi-Knödel

1 kg Kartoffeln • 250 g Topfen (Quark) • 2 Eier • 1 TL Salz • 4–6 El Grieß

* Die Hälfte der Kartoffeln kochen, schälen, passieren und warm halten. Die restlichen Kartoffeln roh schälen, reiben und ausdrücken. Die beiden Massen mischen, den passierten Topfen, die Eier und das Salz dazugeben. Zuletzt den Grieß einarbeiten (ist die Masse weich, etwas mehr Grieß verwenden, ist sie ziemlich fest, reicht weniger).
* Die Masse gute 30 Minuten ziehen lassen, danach zu kleinen Knödeln formen und diese sofort in kochendes Salzwasser einlegen, 15 Minuten leise köcheln lassen, vorsichtig herausheben und sogleich servieren.

Eine mittlerweile selten gewordne Knödelrezeptur, dennoch schmecken diese Kartoffelknödel ausgezeichnet zum Schweinebraten!

Bauernknödel

6 Semmeln (Brötchen) • 100 g frisches Rindermark • 40 g Mehl • 180–200 ml Milch • 1 Ei • Salz

* Die Semmeln würfelig schneiden, das Rindermark klein schneiden, in einer Pfanne erwärmen und die Semmelwürfel darin hellgelb rösten, in eine Schüssel füllen und auskühlen lassen.
* Dann Mehl, mit Milch versprudeltes Ei und Salz zugeben, die Masse zu einem Teig kneten (ist dieser zu trocken, noch etwas Milch nachgeben). Den Teig eine Stunde rasten lassen.
* Teig zu faustgroßen Knödeln formen und diese 10 Minuten in kochendem Salzwasser ziehen lassen. Vor dem Servieren die Knödel entweder als Ganzes oder in dicke Scheiben geschnitten in Butter schwenken.

Eine beliebte Beilage zu allen Gerichten mit Kraut (Kohl) und Schwammerln.

Krautknödel

* Einen **Krautkopf** (Kohlkopf) in Blätter zerteilen, diese in Salzwasser überbrühen, abtropfen lassen und klein hacken. **75 g Schmalz** erhitzen und das Kraut darin rösten. **1–2 Zwiebeln** und **2–3 Knoblauchzehen** fein hacken, zusammen mit gut **50 g Semmelbröseln** (Paniermehl) in **40–50 g Schmalz** abrösten, danach unter das Kraut mischen. **2 Eier, 2 EL Obers** (Sahne), **Salz, Pfeffer** und **Muskat** dazugeben, alles gut vermengen und zu Knödeln formen, diese in **Fleisch- oder Selchsuppe** etwa 20 Minuten mehr ziehen als kochen lassen.

Kartoffelknödel – roh

Chlupatý knedlík

1 kg Kartoffeln • 250 g Stärkemehl • Salz • etwas Gänseschmalz zum Beträufeln

* Rohe, geschälte Kartoffeln reiben, Masse auspressen und die Flüssigkeit auffangen, mit Stärkemehl vermischen und nach Bedarf die aufgefangene Flüssigkeit von den ausgepressten Kartoffeln zugeben, salzen und die kompakte Masse gut vermengen.
* Mit nassem Suppenlöffel Nockerln von der Masse abstechen und ins kochende Salzwasser geben, wenn sie oben schwimmen, sind sie fertig.
* Nach dem Herausnehmen am besten mit Gänseschmalz beträufeln.

Gänseblutknödel

Knedlíčky s husí krví

das frische Blut von 1 Gans (ersatzweise ca. 400 g geschabte Hühnerleber) • etwas Essig • 125 g Butter • 8 Eidotter (Eigelb) • etwas abgeriebene Zitronenschale (unbehandelt) • ca. 1 EL zerdrückter Knoblauch • Majoran • Salz • Pfeffer • 150–200 g Semmelbrösel (Paniermehl)

* Das vorzugsweise schlachtfrische Blut mit etwas Essig verrühren, gut verquirlen und anschließend durchseihen.
* Butter mit den Eidottern schaumig schlagen, das Blut untermischen und die Masse mit Zitrone, Knoblauch, Majoran, Salz und Pfeffer würzen.
* So viel Semmelbrösel dazu geben, dass man schöne, nicht zu feste Knödel formen kann. Kleine Knödel formen und diese in Salzwasser 10 Minuten leise kochen.
* Fertige Knödel nach Belieben in Butterbröseln (Semmelbrösel in Butter goldgelb geröstet) wenden. Mit Kraut (Kohl) als Hauptgericht oder als Beilage zur Gans reichen.

„Gerührte“ Knödel
Třený houskový knedlík

100 g Butter • Salz • 6 Eier • 6 EL Mehl • 6 EL Milch • 2 Eidotter (Eigelb) • 40 g Butter • 200 g Semmelwürfel (Knödelbrot) • Butter zum Beträufeln

* Butter cremig rühren, salzen und nach und nach jeweils 1 Ei, 1 EL Mehl und 1 EL Milch unterrühren, bis die 6 Eier sowie die 6 EL Mehl und Milch aufgebraucht sind.
* Dann die Eidotter zugeben und zu einem feinen Teig verarbeiten, die in Butter gerösteten Semmelwürfel unterheben und die Knödelmasse in eine feuchte Serviette einrollen. Die Enden zusammenbinden und in Salzwasser ca. 1 Stunde kochen.
* Den fertigen Knödel aus der Serviette auswickeln, mit Zwirn in Scheiben schneiden, mit flüssiger Butter beträufeln und zu Fleischgerichten servieren.

Karlsbader Knödel
Karlovarský knedlík

70 g Butter • 6 Eidotter • Salz • 500 ml Milch • 560 g Mehl • 20 g Butter • 200 g Semmelwürfel (Knödelbrot) • 6 Eiklar (Eiweiß) • 20 g Butter für die Serviette • 30 g Butter zum Beträufeln

* Die Butter schaumig rühren, nach und nach die Eidotter zugeben und salzen.
* Löffelweise die Milch und das Mehl unterheben, die in Butter gerösteten Semmelwürfel ebenfalls zugeben und den steif geschlagenen Eischnee vorsichtig unterheben.
* Eine Serviette mit zerlassener Butter bestreichen, den Teig darin einrollen, die Enden mit Küchengarn zusammenbinden und die Rolle in Salzwasser 1 Stunde kochen.
* Den fertigen Knödel aus der Serviette auswickeln, mit Zwirn in Scheiben schneiden und mit zerlassener Butter beträufeln, zu feinem Fleisch servieren.

Palffyknödel
Houskový knedlík Pálffy

50 g Hamburger Speck • 250 g Semmelwürfel (Knödelbrot) • 330 ml Milch • 60 g Butter • 1 Eidotter (Eigelb) • 1 Ei • Salz • 120 g Mehl • 20 g Butter für die Serviette • ½ trockene Semmel (Brötchen)

* Im ausgelassenen Speck die Semmelwürfel rösten und auskühlen lassen, anschließend mit Milch begießen.
* Butter mit Eidotter und Ei schaumig rühren und salzen. Semmelwürfel zugeben und zu einem geschmeidigen Teig kneten.
* Eine feuchte Serviette mit zerlassener Butter bestreichen und die Knödelmasse darin einrollen, die Enden zusammenbinden und die Rolle in Salzwasser 1 Stunde kochen.
* Den fertigen Knödel aus der Serviette auswickeln, mit Zwirn schneiden, mit zerlassener Butter beträufeln und die Semmel darüberreiben.

Saucen, Gemüsegerichte und diverse Beilagen

Gemüse muss in der Böhmischen Küche eingebrannt (mit einer Mehlschwitze zubereitet) sein, damit es einfach genug hergibt, oder wie es Christa Macho (eine Freundin des Autors G.W. Sievers) einst so treffend formulierte: „So a' G'müas ohne nix, des könnt's an'm Håsn geb'n!" Das betrifft übrigens das omnipräsente Sauerkraut genauso wie alles andere, was der Garten so beschert, Ausnahmen bestätigen hier nur die Regel.

Pilze und Pilzgerichte sind eine Säule der Böhmischen Küche und werden entweder als eigenständiges Gericht (z. B. in Kombination mit Cerealien) oder auch als Beilage (z. B. Pilz-Bratlinge) serviert. Wobei an dieser Stelle eines festzuhalten ist: Wenn in Tschechien vom „Pilz" die Rede ist, dann ist fast immer der „Steinpilz" gemeint (daneben kommt eigentlich nur mehr den Eierschwammerln (Pfifferlingen) und ganz selten auch den Champignons eine gewisse Bedeutung zu – als Ersatz dürfen heute (außerhalb der Saison!) aber auch Kräutersaitlinge dienen.

Altböhmische Backobstsauce
Odvárka

250 g Dörrzwetschken (Backpflaumen) • 250 g gedörrte Birnenscheiben • 1 Hand voll getrocknete Apfelringe • 2 EL Powidl (Zwetschkenmus) • 1 Hand voll zerriebener Lebkuchen • 1 Prise Zimt • 1 Prise Gewürznelkenpulver • 2 EL Rosinen • 1 Hand voll Walnusskerne • Zucker

* Gewaschenes Dörrobst mit Wasser auffüllen und quellen lassen, dann weich kochen und passieren.
* Diese Obstmasse mit so viel Wasser verdünnen, dass eine suppenartige Konsistenz ersteht. Powidl, Lebkuchen und Gewürze dazugeben und sämig verkochen.
* Danach die gewaschenen und überbrühten Rosinen sowie die grob gehackten Walnusskerne zugeben, noch kurz aufkochen lassen und nach Belieben mit Zucker abschmecken. Danach mindestens einen Tag im Kühlschrank ziehen lassen.

Die Odvárka-Sauce war ein traditionelles Weihnachtsgericht, das früher nach dem Abendessen zum Weihnachtsstollen gereicht wurde. Gut abgestanden und ausgekühlt schmeckt diese Sauce überaus erfrischend!

Obers-Mandel-Sauce
Smetanovo-mandlová omáčka

750 ml Obers (Sahne) • 30 g Mehl • 1 Prise Salz • 10 g Mandeln • 30 g Kren (Meerrettich) • 20 g Zucker

* 500 ml Obers aufkochen, das restlichen Obers gut mit Mehl verrühren und ins kochende Obers einrühren, salzen, klein gehackte Mandeln, frisch geriebenen Kren und Zucker hinzufügen.
* Abschmecken und sofort servieren; passt hervorragend zu Kalbfleisch, Huhn und Fisch.

Hagebuttensauce
Šipková omáčka

30 g Butter • 30 g Mehl • 500 ml Suppe • 50 g Hagebuttenkonfitüre • 2 EL Weißwein • Salz • 1 EL Zitronensaft • Zitronenschale (unbehandelt)

* Aus Butter und Mehl eine helle Einbrenn (Mehlschwitze) bereiten, mit Suppe aufgießen und mit Hagebuttenkonfitüre vermengen, dann köcheln lassen.
* Mit Wein, Salz, Zitronensaft und -schale abschmecken.
* Fertige Sauce passieren und z. B. zu Wildgerichten reichen.

Powidlsauce
Povidlová omáčka

200 g Dörrzwetschken (Backpflaumen) • 20 g Butter • 10 g Mehl • 500 ml Wasser • 20 g Zucker • Zimtpulver • Zitronenschale (unbehandelt) • Rum • 1 Prise Salz

* Dörrzwetschken ein paar Stunden in Wasser einweichen, dann aufkochen und faschieren.
* Aus Butter und Mehl eine helle Einbrenn (Mehlschwitze) bereiten, faschierte Zwetschken dazugeben, mit Wasser aufgießen und mit Zucker, Zimt, Zitronenschale, Rum und Salz abschmecken; zu Wild- und Rindfleischgerichten servieren.

Ostböhmische Powidlsauce
Povidlova omáčka z východnian Čech

3 EL Powidl (Zwetschkenmus) • 500 ml Wasser • 1 Hand voll zerriebener Lebkuchen • 1 Prise Salz • ½ TL Zimt • 1 Prise Gewürznelkenpulver • 1 Hand voll Rosinen • Zitronenschale (unbehandelt) • 125 ml Obers (Sahne) • 1 TL glattes Mehl • 1 Hand voll Mandeln • Zucker

* Powidl mit dem Wasser verrühren, Lebkuchenkrümel, Gewürze, verlesene und überbrühte Rosinen und etwas geriebene Zitronenschale hinzufügen, etwa 10 Minuten kochen.
* Obers mit eingequirltem Mehl einrühren, die geschälten und gehackten Mandeln zugeben und noch etwa 5 Minuten kochen.
* Nach Bedarf die Sauce mit Zucker abschmecken.

Diese Sauce reicht man zu Rauchfleisch, Geselchtem, aber auch zu Süßspeisen.

Powidl (Zwetschkenmus)

Povidla

Eines zur Klärung vorweg: Echter Powidl wird ausschließlich aus Zwetschken (Prunus domestica subsp. Domestica, eine Unterart der Pflaume, Prunus domestica) hergestellt und ist daher allenfalls ein Zwetschkenmus, aber niemals ein Pflaumenmus. Da jedoch die „Zwetschken" (auch Zwetschgen oder Zwetschen) hauptsächlich im süddeutschen und österreichischen Raum verbreitet sind und im norddeutschen Raum meist mit „Pflaumen" gleichgesetzt werden, führt dies oft zu Verwechslungen.

Die Herstellung von Powidl war früher ein richtiges spätherbstliches bäuerliches Gesellschaftsereignis, bei dem dieses Mus in großen Mengen als Vorrat für den Winter eingekocht wurde – dabei wurden verschiedene Handarbeiten verrichtet, während man sich beim kräftezehrenden Rühren der schweren und zähen Mus-Masse abwechselte.

Im Gegensatz zu Marmelade und Konfitüre wird origінaler Powidl nicht gezuckert und nur durch Einkochen – ohne Gelier- und Konservierungsmittel – hergestellt. Die Süße stammt also rein aus der natürlichen Süße der sehr reifen Zwetschken, die für Powidl stundenlang eingekocht werden müssen. Powidl schmeckt am besten aus möglichst spät geernteten Früchten, denn wenn diese schon Nachtfrost überstanden haben, weisen sie einen wesentlich höheren Zuckeranteil auf. Früher hat man Powidl sogar aus gedörrten Zwetschken hergestellt, um den Zuckergehalt zu intensivieren. Die dunkle – fast schwarze Farbe – hat der echte böhmische Powidl übrigens von den mitgekochten „grünen Walnüssen", die durch ein spezielles Einlegeverfahren zu „schwarzen Nüssen" wurden.

Powidl ist unverzichtbarer Bestandteil der Böhmischen Küche und wird für alle möglichen Gerichte als Süßungsmittel verwendet: Powidltascherln, Buchteln, Kolatschen oder Germknödel sind Klassiker der Mehlspeisenküche Böhmens, für die Powidl verwendet wird, aber auch für Karpfen, Fleisch und natürlich Wildgerichte braucht man hier das schmackhafte Mus aus Zwetschken.

Lebersauce
Játrová omáčka

20 g Butter oder Speck • 20 g Zwiebeln • Kümmel • 50 g Rinds- oder Kalbsleber • 20 g Butter • 30 g Mehl • 500 ml Suppe • Salz • Pfeffer

* In heißer Butter oder ausgelassenem Speck klein geschnittene Zwiebeln mit Kümmel anrösten.
* Die in Streifen geschnittene Leber dazugeben und ca. 15 Minuten dünsten.
* Aus Butter und Mehl eine Einbrenn (Mehlschwitze) bereiten, mit Suppe aufgießen und aufkochen.
* Die gedünstete Leber zugeben, die Sauce pürieren und mit Salz und Pfeffer abschmecken.

Diese Sauce kann auch mit Nieren zubereitet werden und wird z. B. zu Nudeln, Nockerln und Germ- oder Semmelknödeln gereicht.

Zitronensauce
Citronová omáčka ke špenátovému závinu

20 g Butter • 30 g Mehl • 500 ml Suppe • 1 Zitrone (unbehandelt) • 10 g Zucker • Salz • weißer Pfeffer

* Aus Butter und Mehl eine helle Einbrenn bereiten, mit Suppe aufgießen und ca. 15 Minuten kochen.
* Abgeriebene Schale und Saft von 1 Zitrone zugeben, mit Zucker, Salz und Pfeffer abschmecken.

Die Sauce muss pikant schmecken und wird traditionell zu Spinatstrudel gereicht.

Einfache Liwanzen
Houskové lívanečky

250 ml Milch • Salz • 3 Eier • 120 g Semmelbrösel (Paniermehl) • 60 g Butter

* Milch salzen und mit Eidottern (Eigelb) verrühren, Semmelbrösel untermengen.
* Eiklar (Eiweiß) zu steifem Schnee schlagen und diesen vorsichtig unterheben.
* Spiegelei-Pfanne (oder eine spezielle Dalken- bzw. Liwanzen-Pfanne) mit Butter auspinseln und die Masse in die Vertiefungen einfüllen, Liwanzen beidseitig hellbraun braten.

Liwanzen passen gut als Beilage zu Fleischgerichten.

Zupfnudeln aus Kartoffelteig
Bramborové škubánky

1 kg Kartoffeln • Salz • 200 g Mehl • 80 g Schmalz • 40 g Zwiebeln

* Kartoffeln schälen und in Salzwasser nicht ganz weich kochen. Abseihen (das Kochwasser auffangen) und das Mehl über die Kartoffeln streuen.
* Mit dem Stiel des Kochlöffels Löcher bis zum Topfboden stechen (Löcher in die Kartoffelmasse stechen).
* Den Topf mit dem aufgefangenen Kochwasser ca. 3 cm hoch füllen und auf kleiner Flamme ca. 20 Minuten köcheln lassen. Eventuelles Restwasser abgießen, salzen und die Masse zu einem glatten, kompakten Teig rühren.
* Einen Löffel ins zerlassene Schmalz tauchen, damit aus der Masse Nockerln ausstechen.
* Mit in Schmalz gerösteten Zwiebeln servieren.

Gestrecktes Püree
Nastavovaná kaše

1 kg Kartoffeln • 100 g Graupen (Rollgerste) • Salz • 80 g Schmalz • 300 ml Milch • 3 Knoblauchzehen • Majoran • 140 g Zwiebeln

* Geschälte Kartoffeln klein schneiden und in Salzwasser weich kochen.
* In einem anderen Topf gewaschene Graupen mit Salz und 1 EL Schmalz langsam weich kochen und 100 ml Milch zugeben.
* Die weichen Kartoffeln abseihen und mit der restlichen heißen Milch pürieren. Die gekochten Graupen untermengen, mit gepresstem Knoblauch, Salz und Majoran abschmecken. Im restlichen Schmalz in Ringe geschnittene Zwiebeln knusprig braun anbraten.
* Püree mit Zwiebelringen garnieren und mit Salat, Bratwurst (z. B. Käsekrainer) oder geräuchertem Fleisch servieren.

Pilzkartoffeln
Brambory zapečené s houbami

40 g getrocknete Pilze • 1 EL Butter • 120 g Zwiebeln • Kümmel • 600 g gekochte Kartoffeln • Salz • 3 EL Semmelbrösel (Paniermehl) • Fett für die Bratform • 1 EL Butter • 250 ml Obers (Sahne) • 2 Eier

* Pilze in kaltem Wasser 30 Minuten einweichen, dann klein schneiden.
* Butter erhitzen und Zwiebeln farblos anschwitzen, Pilze beigeben, mit Kümmel würzen und kurz andünsten.
* Geschälte Kartoffeln blättrig schneiden, salzen, mit den gedünsteten Pilzen vermischen und die Semmelbrösel untermengen.
* Eine Brat- oder Backform mit Fett bestreichen und mit Semmelbröseln bestreuen.
* Kartoffelmischung einfüllen, Butterflocken daraufsetzen und im auf 170 °C vorgeheizten Ofen ca. 20 Minuten überbacken, bis die Oberfläche leicht braun wird.
* Obers mit den Eiern gut verrühren, salzen und nach der Hälfte der Backzeit die Kartoffelmischung damit übergießen.

Als Beilage reicht man zu diesem Gericht beliebigen Salat.

Pilzauflauf
Hubník

500 g Pilze • 100 g Butter • 4 Semmeln (Brötchen) • 1 Tasse Milch • 4 Eier • 3 Knoblauchzehen • 2 EL Grieß • Salz • Pfeffer • etwas Butter für die Form und zum Belegen • Petersilie

* Pilze putzen, in Scheiben schneiden und in der Hälfte der Butter dünsten.
* Semmeln in Milch einweichen und ausdrücken.
* Restliche Butter in einer Pfanne erhitzen, verquirlte Eier, Pilze, Semmeln und den zerdrückten Knoblauch sowie Grieß, Salz und Pfeffer hineingeben, alles miteinander vermischen und stocken lassen.
* Die Masse in eine gefettete Form geben, mit Butterflöckchen belegen und im auf 170 °C vorgeheizten Ofen ca. 20 Minuten goldbraun überbacken.
* Mit Petersilie garniert servieren.

Pilzbratlinge
Houbové opečenky

500 g frische Pilze • 20 g Zwiebeln • 60 g Butter • Salz • Pfeffer • 125 ml Milch • 3 Semmeln (Brötchen) • 2 Eier • 3 EL Obers (Sahne) • 30 g Grieß • 50 g Semmelbrösel (Paniermehl) • Petersilie • 100 g Semmelbrösel zum Wenden • 150 g Schmalz zum Ausbacken

* Die Pilze putzen und blättrig schneiden, Zwiebeln in Butter anschwitzen, die Pilze zugeben und so lange braten, bis die Flüssigkeit verdunstet, dann salzen und pfeffern.
* Die in der Milch eingeweichten und gut ausgedrückten Semmeln auf einem Brett mit einem Messer schaben, zu den Pilzen dazugeben und mitdünsten, danach rasten lassen.
* Die Eier mit dem Obers versprudeln, mit Grieß, Semmelbröseln und Petersilie vermengen und 20 Minuten rasten lassen.
* Pilz-Semmel-Masse mit Ei-Obers-Mischung gut vermengen.
* Mit einem Löffel Nockerln aus der Masse ausstechen, diese in Semmelbröseln wenden, leicht flach drücken und im heißen Schmalz ausbacken, abtropfen lassen und mit Salat servieren.

Pilzletscho mit Eiern
Hříbky po trampsku

400 g frische Pilze oder Champignons • 120 g Hamburger Speck • 120 g Zwiebeln • 400 g weiße Spitzpaprikaschoten • 2 Tomaten • Salz • Pfeffer • 8 Eier • Petersilie

* Pilze putzen und blättrig schneiden, klein geschnittenen Speck und Zwiebeln erhitzen und glasig anlaufen lassen.
* Pilze und die in grobe Würfel geschnittenen Paprikaschoten und Tomaten beigeben, salzen, pfeffern und ca. 8 Minuten andünsten.
* Rohe Eier untermengen, stocken lassen und mit Petersilie bestreut servieren.

Gekochte Kartoffeln oder Brot passen als Beilage gut.

Gedünstete Gurken
Dušené okurky

1 kg Gurken • Salz • 50 g Hamburgerspeck • 90 g Zwiebeln • 3 große Tomaten • 500 ml Sauerrahm (saure Sahne) • 1 EL Mehl • Dille

* Gurken schälen, halbieren und mit einem Teelöffel die Kerne herausschaben, Gurken in Scheiben schneiden und salzen.
* In einer Kasserolle klein geschnittenen Speck erhitzen, fein gehackte Zwiebeln zugeben und anrösten. Gurken sowie klein geschnittene Tomaten beigeben und auf kleinem Feuer dünsten.
* Sauerrahm mit Mehl vermengen und zügig unter die Gurken rühren, kurz aufkochen lassen, abschmecken und mit Dille bestreuen.

Als Beilage gekochte Kartoffeln und gekochte Eier reichen.

Krautlaibchen
Kapustové karbanátky

1 mittlerer Krautkopf (Kohlkopf) • Salz • 20 g Butter • 2 Eier • 60 ml Milch • 1 Semmel (Brötchen) • 30 g Zwiebeln • 10 g Butter • Pfeffer • 60 g Geselchtes (geräuchertes Fleisch) • ca. 200 g Semmelbrösel (Paniermehl) • 2 Eier • 150 g Schmalz

* Die Blätter des Krautkopfs blanchieren und dann in Salzwasser weich kochen. Die gekochten Blätter fein hacken.
* Butter mit Eiern schaumig rühren, die in Milch eingeweichte Semmel ausdrücken und dazugeben.
* Zwiebeln in heißer Butter rösten, zum Kraut geben und pfeffern.
* Das Geselchte faschieren, ebenfalls mit der Krautmasse vermengen und so viel Semmelbrösel dazugeben, dass man aus der Masse Laibchen formen kann, diese in Ei und Semmelbröseln wenden und im heißen Schmalz ausbacken.

Mit beliebigem Salat oder Erbsenpüree servieren.

Graupen mit Pilzen
Kuba s houbami

220 g Graupen (Rollgerste) • Salz • Kümmel • 2 Knoblauchzehen • Pfeffer • 40 g Schmalz (am besten Gänseschmalz) • 10 g getrocknete Pilze • 20 g Schmalz

* Graupen in Salzwasser mit Kümmel weich kochen, dann den gepressten Knoblauch, Pfeffer und Schmalz hinzufügen.
* Die extra gekochten Pilze klein schneiden und untermengen.
* Eine Bratform mit Schmalz ausstreichen, mit der Graupen-Pilz-Masse füllen und mit Schmalz übergießen, 25 Minuten im 160 °C heißen Backofen braten.

Als Beilage Salat servieren.

Krautfleckerln

Flíčky se zelím

600 g Weißkraut (Weißkohl) • Salz • 8 EL Schmalz • 60 g Zucker • Pfeffer • 400 g Fleckerlnudeln

* Kraut in 1 cm große Flecken schneiden, salzen und rasten lassen.
* Schmalz erhitzen und Zucker darin karamellisieren lassen.
* Kraut ausdrücken, pfeffern und ca. 30 Minuten dünsten.
* Fleckerlnudeln in Salzwasser kernig kochen und abseihen, mit kaltem Wasser abschrecken und mit dem Kraut vermengen.
* Mit schwarzem Pfeffer aus der Mühle und Salz abschmecken.

Als Beilage grünen Salat servieren.

Überbackene Fisolen

Zapečené fazolky

500 g Fisolen (grüne Bohnen) • 2 EL Butter • 1 EL Mehl • 2 Eidotter • Salz • 50 g Parmesan • Petersilie • Butter und Brösel für die Form • 6 Tomaten
***Creme:* 2 Eier • Salz • 1 TL Mehl • Petersilie**

* Geputzte Fisolen in Stücke schneiden und in Salzwasser weich kochen.
* Aus 1 Löffel Butter und Mehl eine helle Einbrenn (Mehlschwitze) bereiten.
* Mit dem Sud der Fisolen aufgießen und unter ständigem Rühren aufkochen lassen.
* In diese Sauce Eidotter, Salz, geriebenen Parmesan, Petersilie und die gekochten Fisolen unterrühren. Diese Masse in eine befettete, mit Bröseln ausgestreute Form füllen, mit in Scheiben geschnittenen Tomaten belegen und Butterstücke darauf verteilen. Im Ofen bei 160 °C ca. 20 Minuten überbacken.
* Für die Creme Eiklar (Eiweiß) zu steifem Schnee schlagen, Eidotter (Eigelb) und Mehl unterheben. Diese Masse nach 10 Minuten auf dem Auflauf verteilen und 10 Minuten fertig backen, mit gehackter Petersilie bestreuen.

Mehlspeisen, Süßspeisen und Desserts

Die Mehlspeisen sind das unbestrittene Herzstück der Böhmischen Küche, und ihre Vielfalt so groß, dass man eigene Bücher mit den dafür zur Verfügung stehenden Rezepten füllen könnte. Wer kennt und liebt sie nicht, die Kolatschen, Liwanzen, Tascherln, Dalken und Buchteln, die ihr unverwechselbares Aroma dem Powidl (einem unvergleichlich aromatischen Mus aus Zwetschken) und dem Mohn zu verdanken haben. Die böhmischen Süßspeisen sind zweifelsohne das ultimative Aushängeschild böhmischer Koch- und Backkunst und lassen das Herz eines jeden Mehlspeisentigers höher schlagen – mehr gibt es dazu nicht zu sagen!

Mohnfüllung
Maková nádivka

Fülle für 12 kleine Knödel, für 1 Strudel benötigt man die doppelte Menge.
150 g Mohn • 250 ml Milch • 2–3 EL Zucker • 1 Vanilleschote • Zimt • 1 Messerspitze Gewürznelkenpulver • 1–2 EL gemahlene Mandeln oder Walnüsse • eventuell einige Biskotten (Löffelbiskuits) oder Lebkuchen

* Den gemahlenen Mohn, die Milch und den Zucker etwa eine Viertelstunde kochen. In die ausgekühlte Masse das ausgekratzte Mark der Vanilleschote, die Gewürze sowie die Mandeln oder Walnüsse einrühren.
* Ist die Fülle zu dünn, die Biskotten oder Lebkuchen zerkrümeln und damit die Masse binden.

Powidltascherln
Povidlové taštičky

Zutaten für 4 Portionen
***Teig:* 600 g Kartoffeln • 250 g griffiges Mehl (Type 550) • 1 Ei •**
***Fülle:* 120 g Powidl (Zwetschkenmus) • 60 g Zucker • Zimt • 1 EL Rum • abgeriebene Zitronenschale**
***Zum Wälzen:* Mohn, Staubzucker und braune Butter nach persönlichem Geschmack**

* Kartoffeln schälen, in kleine Stücke schneiden und in Salzwasser weich kochen.
* Die Kartoffeln abseihen und noch heiß passieren, mit Mehl und Ei vermengen und zu einem geschmeidigen Teig verarbeiten.
* Für die Fülle alle Zutaten vermengen und abschmecken.
* Kartoffelteig ca. 3–5 mm dick ausrollen, in Quadrate (mind. 3x3 cm) schneiden und in der Mitte je einen TL Fülle platzieren. Mit einem zweiten Teigstück zudecken und die Ränder fest andrücken.
* Die Tascherln in Salzwasser ca. 10 Minuten kochen, anschließend herausnehmen, in gemahlenem Mohn wälzen, mit Staubzucker bestreuen und mit brauner Butter beträufeln.

Krapfen
Koblihy

Zutaten für ca. 18 Stück

20 g Hefe • 1 EL Zucker • 125 ml Obers (Sahne) • 350 g glattes Mehl (Type 405) 50 g Butter • 30 g Zucker • 4 Eidotter (Eigelb) • 1 EL Rum • Salz • Vanillezucker • Mehl zum Bestauben • 500 g Butterschmalz zum Ausbacken • 20 g Vanillezucker zum Bestreuen

***Fülle:* 100 g dicke Aprikosenkonfitüre**

* Hefe mit 1 EL Zucker und 3 EL warmem Obers glatt rühren, mit 50 g Mehl bestauben und diesen Vorteig an einem warmen Ort gehen lassen.
* Butter, Zucker und Eidotter 15 Minuten schaumig schlagen, dann mit Rum, Salz und Vanillezucker vermischen und den aufgegangenen Vorteig zugeben. Mit dem restlichen Mehl und Obers vermengen und so lange mit einem Kochlöffel abschlagen, bis sich der Teig vom Rand löst, zugedeckt gehen lassen, bis sich das Volumen des Teiges verdoppelt hat.
* Die Arbeitsfläche mit Mehl bestauben und den Teig ca. fingerdick ausrollen. Mit einem Glas runde Teigscheiben ausstechen und jeweils in die Mitte 1 TL Marillenkonfitüre setzen, jeweils eine zweite Teigscheibe darauflegen und die Teigränder gut zusammendrücken.
* Die Krapfen auf die bemehlte Arbeitsfläche legen, leicht mit Mehl bestauben und zugedeckt gehen lassen, einmal umdrehen.
* Butterschmalz (ca. 3 cm hoch) in einer Pfanne erhitzen und die Krapfen mit der bemehlten Seite nach unten in das Fett einlegen, zugedeckt ca. 3 Minuten goldbraun backen, dann umdrehen und auf der zweiten Seite ebenfalls goldbraun backen (ohne Deckel!).
* Die Krapfen aus dem Fett heben und auf Küchenkrepp legen, abkühlen lassen und mit Vanillezucker bestreuen.

Dukatenbuchteln
Dukátové buchtičky s vanilkovým krémem

50 g Butter • 30 g Zucker • 3 Eidotter (Eigelb) • 1 EL Rum • Salz • 1 Vanilleschote • abgeriebene Zitronenschale (unbehandelt) • 20 g Hefe • 125 ml Obers (Sahne) • 300 g griffiges Mehl (Type 550) • 50 g Rosinen •50 g Butter für die Form und zum Bestreichen
Vanillesauce: **125 ml Obers • 3 Eidotter (Eigelb) • 60 g Zucker • 10 g Butter • 1 Stück Vanilleschote (ca. 1 cm) • 1 EL Rum • Butter zum Bestreichen**

* Die Butter mit Zucker und den 3 Eidottern schaumig schlagen, dann mit Rum, Salz, ausgekratzem Vanillemark und Zitronenschale vermengen.
* Hefe im warmen Obers auflösen, mit etwas Mehl verrühren und zugedeckt an einem warmen Ort gehen lassen.
* Vorteig mit der Butter-Eier-Masse und dem restlichen Mehl zu einem glatten Teig verarbeiten und 20 Minuten rasten lassen. Den gesamten Teig ausrollen, mit Rosinen bestreuen und zusammenklappen.
* Mit einem kleinen Glas die Buchteln ausstechen und diese in eine gebutterte Form schichten, an einem warmen Ort noch 30 Minuten gehen lassen.
* Für die Vanillesauce Obers mit Eidottern, Zucker und Butter über Dampf schaumig schlagen, ausgekratzte Vanilleschote dazugeben und 10 Minuten ziehen lassen. Vanilleschote entfernen und mit Rum abschmecken.
* Buchteln in den auf 190 °C vorgeheizten Backofen schieben, nach ca. 20 Minuten herausnehmen, mit Butter bestreichen, 10 Minuten fertig backen und mit der Vanillesauce servieren.

Böhmische Buchteln
České buchty

Zutaten für ca.12 Stück
200–300 ml Milch • 80 g Zucker • 30 g Hefe • 500 g griffiges Mehl (Type 550) • ½ TL Salz • 100 g Butter • 2 Eidotter (Eigelb) • Butter für die Form und zum Bestreichen
Fülle: **500–600 g Powidl- oder Mohnfüllung (s. S. 140) • Vanillezucker zum Bestreuen**

* Eine halbe Tasse lauwarme Milch mit einem Teelöffel Zucker, der zerbröckelten Hefe und einem Esslöffel Mehl vermischen. Diesen Vorteig aufgehen lassen.
* Mehl und Salz in eine Schüssel geben, den restlichen Zucker, die flüssige, abgekühlte Butter sowie den Vorteig hinzugeben und mit der restlichen lauwarmen Milch und den Eidottern einen geschmeidigen Teig zubereiten.
* Gut durchkneten, mit Mehl bestauben, zudecken und ca. 35–40 Minuten aufgehen lassen.
* Aus dem aufgegangenen Teig mit einem Esslöffel gleich große Stücke abstechen, daraus flache Scheiben formen und darauf je einen Teelöffel Fülle geben (oder den Teig zu einer Platte

ausrollen, in gleich große Quadrate schneiden, darauf die Fülle verteilen), die Scheiben oder Quadrate zu länglichen Buchteln zusammenwickeln und gut verschließen.

* Die Buchteln in eine gut ausgefettete Bratform nebeneinander legen und jedes Stück von allen Seiten mit Ausnahme der Oberfläche reichlich mit zerlassener Butter bestreichen, damit sie beim Backen nicht zusammenkleben.
* Die Buchteln 15–20 Minuten aufgehen lassen, dann auch die Oberfläche mit Fett bestreichen und im vorgeheizten Backofen bei 190 °C 20–30 Minuten backen.
* Die fertigen Buchteln etwas abkühlen lassen, aus der Form stürzen und mit Vanillezucker bestreuen.

Böhmische Palatschinken (Pfannkuchen)
České palačinky

150 g glattes Mehl (Type 405) • abgeriebene Zitronenschale (unbehandelt) • Salz • 1 Ei • 250 ml Milch • 40 g Butter zum Backen
***Fülle:* 200 g Powidl (Zwetschkenmus) • Rum • 50 g gemahlener Mohn • 50 g Zucker • 150 g Sauerrahm (saure Sahne) Vanillezucker**

* Alle Zutaten zu einem Teig verrühren und eine heiße Pfanne mit Butter bestreichen.
* Teig mit einem Löffel dünn in der Pfanne verteilen und beidseitig goldgelb ausbacken.
* Palatschinken mit Powidl, der mit Rum aromatisieret wurde, bestreichen und mit Mohn und Zucker bestreuen, einrollen und mit dem mit Vanillezucker gesüßten Sauerrahm servieren.

Zwetschkenknödel
Švestkové knedlíky

Zutaten für 4 Portionen (ca. 24 Knödeln)
700 g Kartoffeln • 250 g Mehl • Salz • 2 Eier • 750 g Zwetschken • 40 g Butter • 30 g gemahlener Mohn • 30 g Zucker • Zimt

* Geschälte, in Stücke geschnittene Kartoffeln in Salzwasser weich kochen, abseihen und noch heiß passieren. Mehl, Salz und Eier hinzufügen und zu einem glatten Teig kneten.
* Den Teig ausrollen, Scheiben ausstechen und mit je einer Zwetschke füllen, Teig um die Zwetschke hüllen und gut verschließen, Knödel daraus formen und diese in kochendem Salzwasser kochen (einmal wenden).
* Butter vorsichtig braun schmelzen. Mohn mit Zucker vermengen, die fertigen Knödel darin wälzen, anschließend mit der braunen Butter beträufeln und mit Zimt bestreuen.

Mährischer Auflauf
Moravský nákyp

200 g Zucker • 7 Eidotter • 60 g Aranzini (Orangeat) • 100 g Walnüsse • 100 g Mandeln • 60 g Bitterschokolade • 8 Eiklar (Eiweiß) • 20 g Mehl
***Für die Form*: 15 g Butter • 15 g Mehl**
***Schneehaube*: 4 Eiklar • 130 g Zucker • 50 g Walnüsse**

* Gesiebten Zucker mit den Eidottern 15 Minuten schaumig rühren. Klein geschnittene Aranzini, gehackte Nüsse, Mandeln und geriebene Schokolade unterheben.
* Die Eiklar zu festem Schnee schlagen und das Mehl vorsichtig einrühren.
* Diese Mischung unter die Schokolademasse heben, in eine gebutterte, mit Mehl bestaubte Form füllen und glatt streichen.
* Im auf 180°C vorgeheizten Backofen ca. 45 Minuten backen.
* Danach Eiklar mit Zucker zu steifem Schnee schlagen, damit den Auflauf bestreichen und mit gehackten Nüssen bestreuen.
* Den Auflauf bei ca. 250 °C ca. 8 Minuten überbacken.

Tipp: Zum Bestreichen des Auflaufs kann man anstatt der Schneehaube auch gezuckerten Schlagobers (250 ml) verwenden – dann nicht überbacken!

Karlsbader Taler
Karlovarské tolárky

Zutaten für ca. 20 Stück
***Teig:* 180 g glattes Mehl (Type 405) • 80 g Zucker • Vanillezucker • 4 gekochte Eidotter (Eigelb) • 150 g Butter • Saft und Schale von 1 Zitrone (unbehandelt)**
***Glasur:* 150 g Zucker • 185 ml Wasser • 5 g Butter • 90 g Schokolade**
***Verzierung:* 100 g Marillenmarmelade • 10 g Pistazien**

* Zunächst für die Glasur Zucker mit Wasser zu einem Sirup kochen.
* Dann die Butter und die geriebene Schokolade einrühren (kaltrühren).
* Für den Teig Mehl mit Zucker, Vanillezucker, passierten Eidottern, Butter, Zitronensaft und -schale vermischen, gut verkneten und ca. 1 Stunde kalt rasten lassen.
* Den Teig ca. 3 mm dünn ausrollen, mit einem Ausstecher ca. 5 cm große Scheiben ausstechen.
* Ein Backblech mit Backpapier belegen, die Scheiben auf das Backblech legen und im auf 200 °C vorgeheizten Backofen ca. 10 Minuten lang goldgelb backen. Nach dem Backen die Hälfte der Taler mit Marmelade bestreichen, die restlichen Taler daraufsetzen, in die Glasur tunken und mit gehackten Pistazien bestreuen.

Grammelsternchen
Škvarkové hvězdičky

Zutaten für ca. 40 Stück
150 g glattes Mehl (Type 405) • 50 g Staubzucker • abgeriebene Zitronenschale (unbehandelt) • Zimt • 2 Gewürznelken • 150 g Grammeln • 2 Eidotter • 100 g Ribiselmarmelade • Staubzucker zum Bestreuen

* Gesiebtes Mehl mit Staubzucker, Zitronenschale, Zimt und den gemahlenen Gewürznelken vermengen.
* Die Grammeln zweimal faschieren, mit den Eidottern und der Mehlmischung zu einem glatten Teig kneten und diesen 15 Minuten kalt rasten lassen.
* Den Teig 5 mm dick ausrollen, mit einem kleinen Ausstecher Sterne ausstechen.
* Die Sternchen auf ein Backblech legen und im auf 200 °C vorgeheizten Backofen ca. 10 Minuten hell backen.
* Mit Marmelade bestreichen, jeweils zwei Sternchen zusammensetzen und mit Staubzucker bestreuen.

Zwetschkenkolatschen mit Mohn
Švestkový koláč

Zutaten für ca. 20 Stück
20 g Hefe • 250 ml Milch • 500 g griffiges Mehl (Type 550) • Salz • 70 g Zucker • Vanillezucker • Zitronenschale (unbehandelt) • 2 Eidotter (Eigelb) • 120 g Butter
***Belag:* 10 g Butter • 1 Eidotter • 1,5 kg halbierte, entkernte Zwetschken • 30 g Mohn • 30 g Zucker**

* Hefe in der Hälfte der lauwarmen Milch auflösen und mit etwas Mehl zu einem Vorteig verrühren. An einem warmen Ort zugedeckt gehen lassen.
* Gesiebtes Mehl mit Salz, Zucker, Vanillezucker und Zitronenschale vermengen, mit dem Vorteig, den Eidottern, der restlichen Milch und der handwarmen Butter vermischen und mit einem Kochlöffel zu einem geschmeidigen Teig schlagen. An einem warmen Platz zugedeckt 30 Minuten rasten lassen.
* Danach den Teig ausrollen und mit etwas zerlassener Butter bestreichen, die Ränder mit Eidotter bestreichen mit den Zwetschkenhälften (mit der nach Schale nach unten) belegen. Mohn mit Zucker vermischen, Kuchen damit bestreuen und mit der restlichen zerlassenen Butter beträufeln.
* Im auf 180 °C vorgeheizten Backofen ca. 40 Minuten backen, danach mit Staubzucker bestreuen und erst nach dem Erkalten in Stücke schneiden.

Liwanzen mit Powidl
Lívance

Zutaten für ca. 8 Portionen
250 ml Milch • 10 g Hefe • 5 g Zucker • 200 g glattes Mehl (Type 405) • 100 g griffiges Mehl (Type 550) • 20 g Zucker • Salz • Zitronenschale (unbehandelt) • 1 Eidotter • 25 g Butter • Butterschmalz zum Ausbacken
***Belag:* 100 g Powidl (Zwetschkenmus) • Rum • 20 g Zucker • Zimt • 40 g „Bröseltopfen" (krümeliger Quark) oder 125 ml Sauerrahm (saure Sahne) • Walnusshälften zum Dekorieren**

* 100 ml Milch auf 16–20° erwärmen, mit Hefe, Zucker und 3 EL Mehl verrühren, diesen Vorteig an einem warmen Ort gehen lassen.
* Beide Mehlsorten mit Zucker, Salz und Zitronenschale vermischen, die restliche lauwarme Milch mit dem Eidotter und zerlassener Butter verrühren, mit dem Vorteig zur Mehlmischung geben, alles mit einem Kochlöffel zu einem geschmeidigen Teig schlagen, diesen zugedeckt 30 Minuten rasten lassen.
* Die heiße Liwanzenpfanne (ähnlich einer Spiegeleierpfanne) mit Butterschmalz bepinseln und den Teig mit einem Löffel in die Pfanne füllen.
* Auf dem Herd langsam backen, wenden und fertig backen.
* Für den Belag Powidl mit Rum, Zucker und Zimt abschmecken. Die fertigen Liwanzen mit dem „Bröseltopfen" bestreuen oder mit Sauerrahm bestreichen, darauf die Powidlmasse streichen und mit Walnusshälften dekorieren.

Reibekuchen
Tvarohový koláč strouhaný na plech

Zutaten für 1 Backblech (ca. 20 Stück)
400 g Mehl • 50 g Kakao • 250 g Butter • Vanillezucker • 4 EL Milch • Butter und Semmelbrösel (Paniermehl) für die Form
***Fülle:* 500 g Topfen (Quark) • 2 EL zerlassene Butter • Vanillezucker • 300 g Zucker • 2 Eidotter • 1 Ei • Rosinen**

* Aus Mehl, Kakao, Butter, Vanillezucker und 4 EL Milch einen Teig kneten und diesen im Kühlschrank 1 Stunde rasten lassen.
* Dann den Teig in zwei Teile schneiden. Ein Backblech mit Backpapier auslegen, die eine Hälfte des Teiges auf das Blech reiben und regelmäßig verteilen.
* Für die Fülle alle Zutaten miteinander vermischen, diese Masse auf dem geriebenen Teig verteilen.
* Die zweite Teighälfte ebenfalls reiben und gleichmäßig auf der Topfenmasse verteilen.
* Den Kuchen im vorgeheizten Backofen bei 180 °C ca. 35–40 Minuten backen und danach mit Staubzucker bestreuen.

Böhmische Dalken
České vdolečky

Zutaten für ca. 12 Stück

20 g Hefe • 375 ml Milch • 500 g glattes Mehl (Type 405) • Salz • 50 g Zucker • abgeriebene Zitronenschale (unbehandelt) • 1 Eidotter • 40 g Butter • 120 g Butterschmalz zum Ausbacken • 150 g Powidl (Zwetschkenmus) • 125 ml Sauerrahm (saure Sahne) • Staubzucker zum Bestreuen

* Hefe in 3 EL lauwarmer Milch auflösen und mit 40 g Mehl verrühren, mit wenig Mehl bestauben und diesen Vorteig an einem warmen Platz zugedeckt gehen lassen.
* Das restliche gesiebte Mehl mit Salz, Zucker und Zitronenschale vermischen, restliche lauwarme Milch mit Eidotter und zerlassener Butter verschlagen und unter das Mehl mischen.
* Zu dieser Mischung den Vorteig hinzufügen, vermischen und mit der Hand kneten, bis sich der Teig vom Rand löst.
* Mit einem Löffeln Stücke vom Teig abstechen, diese zu Kugeln formen, flach drücken und auf ein gebuttertes Blech legen, zudecken und gehen lassen.
* Butterschmalz erhitzen, in jede Teigkugel mit dem Daumen ein Loch drücken, mit dem Loch nach unten im Butterschmalz zugedeckt einige Minuten goldbraun backen, dann umdrehen und fertig backen.
* Nach dem Auskühlen die Vertiefungen mit Powidl füllen, mit Sauerrahm dekorieren und mit Staubzucker bestreuen.

Mohnstrudel
Makový závin

Zutaten für ca. 8 Portionen

25 g Hefe • 250 ml Milch • 500 g Mehl • 120 g Butter • Zitronenschale • Vanillezucker • 100 g Zucker • 1 Ei • Salz • 1 Eidotter (Eigelb) zum Bestreichen • 30 g gemahlene Nüsse zum Bestreuen

***Fülle:* 180 g Mohn • 120 g Zucker • 375 ml Milch • 10 g Butter • 60 g geriebener Lebkuchen • Zimt • Vanillezucker • 20 g geriebene Schokolade • 1 Tropfen Bittermandelöl**

- Hefe in etwas lauwarmer Milch auflösen, mit wenig Mehl bestauben und diesen Vorteig zugedeckt warm rasten lasen.
- Butter, Zitronenschale, Vanillezucker, Zucker, restliche Milch und Ei vermischen.
- Restliches Mehl mit Salz, dem Vorteig und dem Milchgemisch zu einem festen Teig kneten, diesen 30 Minuten gehen lassen, bis sich der Teig um ein Drittel vergrößert hat.
- Für die Fülle gemahlenen Mohn und Zucker in Milch aufkochen; die lauwarme Mischung mit Butter, geriebenem Lebkuchen, Zimt, Vanillezucker, geriebener Schokolade und Bittermandelöl gut verrühren.
- Teig auf einer bemehlten Unterlage 1 cm dick ausrollen, mit der Fülle bestreichen, einrollen und auf einem mit Backpapier ausgelegten Backblech aufgehen lassen.
- Dann den Strudel mit verschlagenem Eidotter bestreichen und mit Nüssen bestreuen. Im auf 220 °C vorgeheizten Backofen ca. 30 Minuten backen und mit Staubzucker bestreuen.

Kartoffelnockerln mit Mohn

Škubánky

Zutaten für ca. 10 Portionen

800 g Kartoffeln • Salz • 150–200 g Mehl • 150 g Butter • 150 g gemahlener Mohn • 50 g Staubzucker

* Kartoffeln schälen, klein schneiden und in Salzwasser weich kochen.
* Danach abseihen und das Wasser auffangen. Die Kartoffeln im Topf stampfen.
* Mit dem Ende des Kochlöffels ein paar Löcher in die Kartoffelmasse stechen.
* Diese mit Mehl füllen und mit zwei Drittel des aufgefangenen Kochwassers begießen.
* Mit dem Deckel zudecken, Topf zurück auf den Herd stellen, bei ganz niedriger Temperatur ca. 20 Minuten ziehen lassen.
* Die Kartoffelmasse mit einem Kochlöffel zu einem glatten Teig verarbeiten (eventuell noch Kochwasser zugeben) und salzen.
* Einen Suppenlöffel in zerlassene Butter tauchen und Nockerln aus dem Teig formen, diese auf Tellern anrichten, mit der Mohn-Zucker-Mischung bestreuen und mit der restlichen zerlassenen Butter beträufeln.

Falls Nockerln übrig bleiben, diese im Kühlschrank aufbewahren. Am nächsten Tag in heißem Fett goldbraun ausbacken und mit gerösteten Zwiebeln und gebratenem Speck servieren.

Heidelbeer-Germknödel
Kynuté knedlíky s borůvkami

Zutaten für ca. 6 Stück

10 g Hefe • 190 ml Milch • 300 g griffiges Mehl (Type 550) • 5 g Butter • 10 g Zucker • 1 Eidotter (Eigelb) • Salz • 250 g Heidelbeeren • 250 g Bröseltopfen (krümeliger Quark) • 30 g Zucker • 50 g Butter

* Hefe in lauwarmer Milch auflösen, mit wenig Mehl bestauben, zudecken und diesen Vorteig gehen lassen.
* Butter mit Zucker und Eidotter 15 Minuten schaumig schlagen.
* Mehl mit Salz, dem Vorteig und der Butter-Zucker-Ei-Mischung zu einem festen Teig kneten. Den Teig in 6 Stücke teilen, diese flach drücken und mit Heidelbeeren füllen, Teig um die Fülle wickeln, gut verschließen, Knödel formen und diese zugedeckt noch 30 Minuten gehen lassen.
* Einen flachen Topf bis zur Hälfte mit Salzwasser füllen. Die Knödel ins kochende Wasser legen, zudecken und kochen. Nach 7 Minuten den Deckel abheben, die Knödel umdrehen und noch ca. 8 Minuten kochen, dann mit einer Nadel anstechen, um zu testen, ob sie fertig sind (beim Anstechen fallen die Knödel nicht zusammen!).
* Bröseltopfen mit Zucker vermengen, die Knödel damit bestreuen und mit flüssiger Butter beträufeln.

Mohnkuchen
Makový koláč

Zutaten für 1 Tortenform (Durchmesser ca. 24 cm, ca. 12 Stück)

200 g Mehl • 250 g gekochte Kartoffeln • ½ P. Backpulver • 60 g Butter • 80 g Zucker • Salz • 2 Eidotter (Eigelb)

***Fülle:* 2 Eiklar (Eiweiß) • 120 g Zucker • 120 g gemahlener Mohn • 2 Eidotter • 30 g Biskotten (Löffelbiskuits)**

* Mehl mit geschälten, geriebenen Kartoffeln, Backpulver, Butter, Zucker, Salz und Eidottern zu einem Teig verarbeiten.
* Teig ausrollen, eine Tortenform damit auskleiden (Teig auch an den Rändern hochziehen und etwas andrücken).
* Für die Fülle die Eiklar mit Zucker zu steifem Schnee schlagen, mit Mohn, den verschlagenen Eidottern und den zerkrümelten Biskotten vermischen.
* Teig mit der Fülle bestreichen und im vorgeheizten Ofen bei 190 °C ca. 25 Minuten backen.

Mohntorte auf andere Art
Makový koláč na jiný způsob

Zutaten für 1 Tortenform (Durchmesser 24 cm, ca. 12 Stück)
160 g Butter • 200 g Staubzucker • 6 Eidotter (Eigelb) • 250 g gemahlener Mohn • ca. 4 cl Rotwein oder Rum • 50 g Semmelbrösel (Paniermehl) • 6 Eiklar (Eiweiß) • Butter und Semmelbrösel für die Form
***Glasur:* 200 g Staubzucker • Saft ½ Zitrone • 2 EL Wasser**

* Butter mit Staubzucker und Eidottern abtreiben, danach Mohn und Rotwein (oder Rum) abwechselnd einarbeiten. Schließlich noch die Semmelbrösel untermischen, danach das steif geschlagene Eiklar vorsichtig in drei Etappen unterheben. Masse in eine gut gebutterte und mit Bröseln ausgestreute Form geben und im vorgeheizten Backofen bei 200 °C 50–60 Minuten backen, danach auskühlen lassen.
* Für die Glasur Staubzucker mit Zitronensaft und Wasser glatt rühren, damit die Torte überziehen.

Variante: Für eine besonders schöne Optik den Kuchen zunächst dünn mit Ribiselmarmelade bestreichen, dann mit der Glasur überziehen und anschließend mit gehackten Pistazien bestreuen.

Mohndalken auf andere Art – salzig!
Vdolečky s mákem na slano

Zutaten für ca. 12 Stück
30 g Hefe • 1 TL Zucker • ca. 300 ml Milch • 500 g griffiges Mehl (Type 550) oder Roggenmehl • 50 g Schweineschmalz • 100 g fein gehackte Schweineschmalzgrammeln (Grieben) • 1 TL Salz • 1 gekochte, geraspelte Kartoffel • 1 Prise Kümmel
***Außerdem*: Fett für das Backblech • etwas gesüßte Milch oder 1 Ei zum Bestreichen • Mohn und grobkörniges Salz zum Bestreuen**

* Aus der Hefe, dem Zucker, etwas Milch und etwas Mehl einen Vorteig zubereiten, diesen gehen lassen.
* Die übrigen Zutaten in eine Schüssel geben, den aufgegangenen Vorteig zugeben und alles zu einem festen Teig verarbeiten, diesen 30 Minuten gehen lassen.
* Den Teig zu einer Rolle formen, diese in 12 Teile schneiden, auf einer bemehlten Arbeitsfläche daraus runde Laibchen formen und diese auf das gefettete Backblech legen. Jedes Laibchen mit der Hand etwas flach drücken und noch etwas aufgehen lassen.
* Die aufgegangenen Dalken mit der leicht gesüßten Milch oder mit dem verschlagenen Ei bestreichen und dann mit der Mischung aus Mohn und grobem Salz bestreuen. Im vorgeheizten Backofen bei 180 °C ca. 30 Minuten goldbraun backen.

Walacheikolatschen
Valašské frgály

Teig: **15 g Hefe • 150 ml Milch • 60 g Zucker • 150 g glattes Mehl • 100 g griffiges Mehl (Type 550) • 1 Eidotter (Eigelb) • Salz • 60 g Butter • Zitronenschale (unbehandelt) • 15 g Fett für das Blech**
Fülle: **80 g Kletzen (gedörrte Birnen) • 50 g gedörrte Äpfel • 150 ml Obstsirup • 1 Zimtstange • 2 Gewürznelken • 1 Stk. Sternanis • 1 Stück Zitronenschale • 30 g Powidl (Zwetschkenmus) • 30 g geriebener Lebkuchen • 40 g Zucker • Vanillezucker • 1 Schuss Rum**
Streusel: **90 g glattes Mehl (Type 405) • 30 g Staubzucker • 60 g Butter • 150 g Butter • 1 Schuss Rum**

* Hefe in etwas lauwarmer Milch auflösen, 1 EL Zucker und so viel Mehl dazugeben, dass man einen dünnen Brei erhält, diesen Vorteig zugedeckt an einem warmen Ort gehen lassen.
* Restliches Mehl, restliche Milch, Eidotter, Salz, zerlassene Butter, restlichen Zucker und Zitronenschale in einer Schüssel mit dem Vorteig vermengen und so lange mit einem Kochlöffel abschlagen, bis sich der Teig vom Rand der Schüssel löst und seidig glänzt.
* Für die Fülle die gedörrten Birnen und Äpfel gut waschen. Mit dem Obstsirup und Wasser bedecken und Zimtstange, Gewürznelken, Sternanis und Zitronenschale zugeben. Das Dörrobst weich kochen, Gewürze und Zitronenschale anschließend entfernen.
* Die gekochte Masse abseihen und faschieren. Mit Powidl, geriebenem Lebkuchen, Zucker, Vanillezucker und Rum vermengen – die Fülle soll eine Konsistenz wie Marmelade haben (eventuell mit der abgeseihten Flüssigkeit verdünnen).
* Den Teig rund (mit einem Durchmesser von 40 cm) ausrollen.
* Einen ca. 2 cm dickeren Rand herstellen und den inneren Bereich mit der Fülle bedecken. Dann auf ein gebuttertes Backblech legen.
* Für den Streusel Mehl, Zucker und Butter vermischen, mit den Fingern zu Krümeln reiben und auf die Fülle streuen. Den Teig noch ca. 15 Minuten gehen lassen, dann im auf 180 °C vorgeheizten Backofen ca. 35–40 Minuten backen.
* Kuchen auskühlen lassen, mit zerlassener Butter und Rum beträufeln.

Mohnnudeln
Bramborové šulánky s mákem

Zutaten für 8 Portionen
500 g mehlige Kartoffeln • 250 g griffiges Mehl (Type 550) • 40 g Butter • 1 Prise Salz • 1 Ei • 40 g zerlassene Butter • Staubzucker • Vanillezucker • Mohn • Mohnöl • Rum

* Die am Vortag gekochten Kartoffeln schälen und passieren, mit Mehl, Butter, Salz und dem Ei zu einem geschmeidigen Teig kneten. Daraus Nudeln (etwa in der Größe des kleinen Fingers) formen und diese ca. 10 Minuten langsam in köchelndem Salzwasser ziehen lassen.
* Die Nudeln abseihen, in einer Pfanne die zerlassene Butter mit Zucker, Vanillezucker, Mohn, Mohnöl und Rum vermischen, darin die Nudeln schwenken. Mit Staubzucker bestreut servieren.

Weichselauflauf

Krupicový nákyp s višněmi

Zutaten für 12 Portionen

500 ml Milch • Salz • 500 g sehr fein gemahlener Grieß • 100 g Butter • 4 Eier • 80 g Zucker • abgeriebene Zitronenschale (unbehandelt) • 500 g Weichseln (Sauerkirschen) ohne Kerne • Butter und Semmelbrösel (Paniermehl) für die Form

* Milch mit Salz aufkochen, Grieß hinzufügen und unter ständigem Rühren einige Minuten köcheln lassen, vom Herd nehmen und zugedeckt quellen, dann auskühlen lassen.
* Butter, Eierdotter (Eigelb) und Zucker schaumig schlagen. Mit Zitronenschale und dem kalten Grießkoch verrühren.
* Aus den Eiklar (Eiweiß) Schnee schlagen und diesen vorsichtig unter die Masse heben, mit den Weichseln vermischen.
* Eine Auflaufform mit Butter ausstreichen und mit Semmelbröseln bestreuen.
* Grießmasse in die Form gießen, glatt streichen und im auf 180 °C vorgeheizten Backofen, ca. 45 Minuten backen.

Kirschauflauf
Bublanina s višněmi
Rezept nach M. D. Rettig

Zutaten für 4 Portionen

120 g Butter • 3 Eier • 120 g Zucker • Zitronenschale (unbehandelt) • Zimt • 150–200 g Semmelbrösel (Paniermehl) • 125 ml Milch • Butter und Semmelbrösel für die Form • 500 g Weichseln (Sauerkirschen) • Staubzucker zum Bestreuen

* Butter mit Eidottern (Eigelb) und Zucker schaumig schlagen, mit Zitronenschale und Zimt vermengen.
* Semmelbrösel mit Milch beträufeln, zum Buttergemisch geben. Die Eiklar (Eiweiß) zu festem Eischnee schlagen, diesen vorsichtig unterheben.
* Dann die Masse in eine gebutterte und mit Bröseln ausgestreute Auflaufform füllen. Die Weichseln auf der Masse verteilen (leicht in die Masse hineindrücken) und im auf 200 °C vorgeheizten Backofen ca. 35–40 Minuten goldbraun backen.
* Mit Staubzucker bestreut servieren.

Marillen im Teigmantel
Meruňky v županu

Zutaten für 12 Stück

***Teig*: 300 g Mehl • 150 g Zucker • 150 g Butter • 2 Eidotter (Eigelb) • Zitronenschale • Salz**

***Fülle*: 12 Marillen • 1 Schuss Rum • 6 Zuckerwürfel • 12 Mandeln**

* Alle Teigzutaten schnell verkneten, den Teig 30 Minuten im Kühlschrank rasten lassen.
* Dann den Teig auf einer bemehlten Arbeitsfläche rechteckig ausrollen.
* 12 Quadrate ausschneiden, so dass man eine Marille damit umhüllen kann.
* Die Marillen waschen, entkernen, mit Rum beträufeln, in jede Marille ½ Zuckerwürfel und eine Mandel hineingeben.
* Auf jedes Teigquadrat eine Marille setzen, die Teigecken übereinanderschlagen und gut zusammendrücken. Teig mit Ei bestreichen, auf ein befettetes Blech setzen und im auf 210 °C vorgeheizten Backofen ca. 15 Minuten goldbraun backen.
* Mit Staubzucker bestreuen.

Apfel im Schlafrock
Jablka v županu

Zutaten für 6 Stück

1 Packung (400 g) Blätterteig (aus dem Supermarkt) • 6 Äpfel • 90 g Walnüsse • 90 g Marillen-konfitüre • Zimt • Rum • 1 Ei zum Bestreichen

* Aus dem ausgerollten Teig (sollte ca. 7 mm dick sein) 6 Quadrate ausschneiden.
* Äpfel schälen und Kerngehäuse ausstechen. Nüsse grob hacken, mit Konfitüre, Zimt und Rum vermengen und die Äpfel mit dieser Masse füllen.
* Dann die Äpfel auf die Teigquadrate legen und die Teigränder mit dem verschlagenen Ei bestreichen. Die Teigränder über die Äpfel ziehen und alle vier Ecken oben zusammendrücken, mit einer Walnusshälfte fixieren.
* Die eingewickelten Äpfel rundum mit Ei bestreichen und im auf 210 °C vorgeheizten Backofen ca. 20 Minuten backen.
* Mit Staubzucker bestreuen und sofort servieren.

Tipp: Manchmal werden auch Apfelringe, durch einen Backteig gezogen und im Fett herausgebacken, als „Apfel im Schlafrock" bezeichnet (siehe Rezeptfoto).

Apfeltorte

Jablečný dort

Zutaten für 1 Torte (Durchmesser 26 cm, ca. 14 Stück)

300 g Blätterteig • 1 kg Äpfel • 6 EL Rum • 170 g Zucker • 3 Eidotter • 250 ml Milch • Mark von ½ Vanilleschote • 4 Blatt Gelatine • 250 ml Obers (Sahne) • 2 EL Speisestärke • 250 ml Weißwein • 50 g geröstete Mandelblätter

* Teig dünn ausrollen, 2 Böden mit 26 cm Durchmesser ausstechen oder ausschneiden, Teigkreise auf ein Backblech geben und mit einer Gabel einstechen. Im auf 220 °C vorgeheizten Backofen ca. 15 Minuten backen.
* Äpfel schälen, Kerngehäuse entfernen und die Äpfel dünnblättrig schneiden, mit 2 EL Rum und 50 g Zucker vermischen und ziehen lassen.
* Eidotter mit 70 g Zucker aufschlagen. Milch mit Vanillemark aufkochen.
* In kaltem Wasser eingeweichte Gelatine ausdrücken und in der erhitzten Milch auflösen. Restlichen Rum in die Ei-Zucker-Masse rühren und mit der Milch vermengen. Obers steif schlagen, drei Viertel des Schlagobers unter die Creme heben.
* Drei Viertel der Creme auf einen der ausgekühlten Teigböden streichen und den zweiten Boden darauflegen. Restliche Creme aufstreichen und die marinierten Äpfel darauf verteilen, die Torte kühl stellen.
* Speisestärke mit 2 EL Wasser anrühren. Den Wein und den restliche Zucker aufkochen und mit der angerührten Speisestärke binden, auskühlen lassen und anschließend als Guss auf der Apfelschicht verteilen.
* Torte mit dem restlichen Schlagobers und den gerösteten Mandelblättern verzieren.

Rhabarberkuchen

Rebarborový koláč

Zutaten für 1 feuerfeste Form (ca. 6 Portionen)

200 g Zucker • 125 g Butter • 4 Eidotter (Eigelb) • 150 g Mehl • 75 g Maizena (Stärkemehl) • 1 TL Backpulver • 4 Eiklar (Eiweiß) • Salz • 500 g Rhabarber • Zimt • 50 g Zucker
***Streusel*: 300 g Mehl • 150 g Butter • 150 g Zucker • 1 Eidotter**

* Zucker mit handwarmer Butter schaumig rühren. Die Eidotter nach und nach einrühren. Mit Mehl, Maizena und Backpulver vermengen.
* Eiklar mit Salz zu festem Schnee schlagen und den Schnee unter den Teig mengen.
* In eine gebutterte Form füllen, dann den geschälten, in Würfel geschnittenen Rhabarber auf dem Teig verteilen und mit Zimt und Zucker bestreuen.
* Für den Streusel alle Zutaten vermengen, auf den fertigen Teig krümeln.
* Dann im auf 200 °C vorgeheizten Backofen ca. 40 Minuten backen und mit Staubzucker bestreuen.

Kartoffelkrapfen

Bramborové koblihy

Zutaten für ca. 18 Stück

20 g Butter • 25 g Zucker • 1 Ei • 1 Eidotter (Eigelb) • 1 EL Rum • Salz • abgeriebene Zitronenschale (unbehandelt) • 15 g Hefe • 125 ml Milch • 300 g griffiges Mehl (Type 550) • 125 g gekochte Kartoffeln • 60 g Marmelade • 250 g Butterschmalz • Vanillezucker

* Handwarme Butter, Staubzucker, Ei, Eidotter, Rum, Salz und Zitronenschale schaumig rühren.
* Hefe in der lauwarmen Milch auflösen, mit etwas Mehl zu einem weichem Vorteig verarbeiten, an einem warmen Ort gehen lassen.
* In die schaumig gerührte Buttermasse das restliche Mehl sieben, geschälte Kartoffeln durch die Kartoffelpresse drücken und dazugeben, den Vorteig ebenfalls hinzufügen und alles mit einem Kochlöffel zu einem glatten Teig abschlagen.
* Den Teig zugedeckt an einem warmen Ort 30 Minuten gehen lassen.
* Den Teig fingerdick ausrollen, mit einem Glas Scheiben ausstechen, in die Mitte der Hälfte der Scheiben 1 TL Marmelade setzen und mit einer zweiten Teigscheibe zudecken, die Ränder fest zusammendrücken und noch einmal mit einem kleineren Glas ausstechen.
* Die Krapfen ca. 30 Minuten gehen lassen (nach der Hälfte der Zeit umdrehen, dann gehen sie regelmäßiger auf).
* Butterschmalz erhitzen, Krapfen einlegen und zugedeckt ca. 4 Minuten ausbacken, dann umdrehen und ca. 3 Minuten fertig backen.
* Mit Vanillezucker bestreuen.

Karlsbader Oblatentorte

Oplatkový dort

Zutaten für 8 Portionen

150 g Butter • 150 g Staubzucker • 2 Eidotter (Eigelb) • 150 g Kochschokolade • 150 g Mandeln • 1 EL Rum • 125 ml Obers (Sahne) • 5 Stk. Karlsbader Oblaten in Standardgröße

***Glasur*: 200 g Kochschokolade • 30 g Butter • eventuell 5 g Pistazien**

* Handwarme Butter und Staubzucker schaumig rühren, nach und nach die Eidotter einrühren. Erwärmte Schokolade beigeben und mit den gerösteten, gemahlenen Mandeln und dem Rum vermengen. Obers steif schlagen und vorsichtig unterheben.
* Die Masse auf den Oblaten gleichmäßig aufstreichen und die Oblaten mit der Creme übereinanderschichten, seitlich mit einer Palette glatt streichen.
* Für die Glasur Schokolade und Butter in einem Wasserbad schmelzen und die Torte damit glasieren, eventuell mit gehackten Pistazien bestreuen.

Karlsbader Oblaten

Karlovarské oplatky

Unter der Bezeichnung „Karlsbader Oblaten“ firmieren zwei vollkommen unterschiedliche Produkte, die – wenn man die Unterschiede nicht beachtet – zu einiger kulinarischer Verwirrung führen können, denn die eine Variante ist süß, die andere ein pikantes Käsegebäck!

Grundsätzlich sind die Oblaten dünne Teigplatten, die aus ungesäuertem Mehlteig ohne Zusatz von Triebmitteln hergestellt und – wie Waffeln – zwischen zwei heißen Eisen gebacken werden; sie stammen ursprünglich aus der Liturgie der westlichen christlichen Kirche und dienten als Hostien, woher sie auch ihren Namen haben: oblatus stammt aus dem Lateinischen und bedeutet so viel wie „dargebracht“.

Später wurden Oblaten dann vor allem in der Weihnachtsbäckerei eingesetzt, wo sie als Boden für Makronen und Lebkuchen benötigt wurden – zu diesem Zwecke entwickelte man dann auch die speziellen Backoblaten.

In der berühmten Kurstadt Karlsbad kam man nun auf die Idee, jeweils zwei Oblaten mittels einer Füllung aus Zucker und Karlsbader Sprudelsalz zusammenzukleben – diese Oblaten wurden dann z. B. auch für Gerichte wie das „Kalbshirn auf Karlsbader Art“ in der Küche verwendet (heute nimmt man für das Gericht „nicht-süße-Oblaten“). In weiterer Folge kamen dann die Oblaten in Mode, welche mit einer süßen Füllung aus Zucker und Mandelsplittern versehen waren – dies ist die Variante, welche von der EU geografisch geschützt wurde. Mittlerweile gibt es übrigens auch Oblaten mit Schokoladen- oder Nussfüllung.

Aber es existiert noch eine weitere Rezeptur, die – bald leider nicht mehr – Karlsbader Oblate heißen darf. Und diese wird eigentlich nur noch in Wien angeboten, obwohl auch diese Rezeptur ursprünglich aus Karlsbad stammt (was heute nicht mehr viele wissen). Am Naschmarkt gibt es nämlich eine winzige Manufaktur, die in reiner Handarbeit ein spezielles Oblaten-Gebäck erzeugt, dass seinerzeit in Karlsbad von den Reichen unter den Kurgästen in höchsten Tönen gelobt und geschätzt wurde. Die so genannte „Böhmische Knabberei“ ist aber genau genommen keine Oblate, sondern ein sehr feines Käsegebäck, das aber wie eine Oblate gebacken wird; natürlich bekommt man im Laden am Naschmarkt auch alle anderen Variationen der Karlsbader Oblaten zu kaufen.

Es gilt also darauf zu achten, was man als Karlsbader Oblate erwirbt, beim Kalbshirn wird das noch nicht schlimm sein, denn das schmeckt auch mit einer süßlichen Mandel-Oblate erstaunlich gut, aber eine Karlsbader Torte mit Käsegeschmack werden wahrscheinlich die wenigsten wollen. Auf der sicheren Seite wäre man mit den echten Karlsbader Oblaten (mit der Zucker-Sprudelsalz-Füllung), doch diese Variante gibt es so gut wie gar nicht mehr.

Mohn-Kirschenkuchen
Makový koláč s třešněmi

Zutaten für 1 Backform (ca. 8 Stück)

4 Eidotter (Eigelb) • 150 g Butter • 170 g Zucker • 20 g Mehl • 170 g gemahlener Mohn • 70 g Mandeln • 1 Prise Piment • Saft und Schale von 1 Zitrone (unbehandelt) • Zimt • 4 Eiklar (Eiweiß) • Salz • Butter und Mehl für die Form • 250 g Kirschen mit Kern • Vanillezucker zum Bestreuen

* Die Eidotter mit Butter und Zucker schaumig rühren. Das gesiebte Mehl, Mohn, die gemahlenen Mandeln, Piment, Zitronensaft und -schale sowie Zimt untermengen.
* Eiklar mit Salz steif aufschlagen und vorsichtig unter die Kuchenmasse heben.
* Backform mit Butter ausstreichen, mit Mehl bestauben, Masse einfüllen und die Kirschen darauf verteilen. Im auf 200 °C vorgeheizten Backofen ca. 40 Minuten backen.
* Mit Vanillezucker bestreuen.

Zwetschkenreis
Rýže se švestkami

Zutaten für 1 Auflaufform (ca. 6 Portionen)

160 g Rundkornreis • 500 ml Milch • Salz • 2 Eidotter (Eigelb) • 20 g Butter • 10 g Zucker • Zitronenschale (unbehandelt) • 1 Vanilleschote • 20 g geröstete Walnüsse • 40 g Kochschokolade • 2 Eiklar (Eiweiß) • Butter und Mehl für die Form • 250 g Zwetschken • Staubzucker zum Bestreuen

* Reis in einem Sieb unter fließendem kaltem Wasser waschen.
* Die Milch mit Salz aufkochen. Den Reis dazugeben und anschließend zugedeckt bei geringer Temperatur 40 Minuten quellen lassen.
* Eidotter mit Butter und Zucker schaumig rühren. Die Zitronenschale und das ausgekratzte Vanillemark einrühren. Die gerösteten Walnüsse mahlen und die Kochschokolade reiben, beides untermengen.
* Eiklar zu steifem Schnee schlagen und diesen unter die Masse heben.
* Anschließend den gekochten Reis unterheben.
* Die Auflaufform mit Butter ausstreichen, mit Mehl bestauben und die Hälfte der Masse einfüllen. Die gewaschenen und entkernten Zwetschken auf dem Teig verteilen und dann die zweite Hälfte des Teiges darauf verteilen.
* Anschließend im vorgeheizten Backofen 30 Minuten bei 180 °C goldbraun backen.
* Mit Staubzucker bestreuen.

Zwetschkenfleck mit Streusel
Švestkový koláč

Zutaten für 1 Backblech (ca. 20 Portionen)

***Teig*: 500 g glattes Mehl • 20 g Hefe • 70 g Zucker • 250 ml Milch • Salz • 1 Vanilleschote • abgeriebene Zitronenschale (unbehandelt) • 120 g Butter • 2 Eidotter (Eigelb) • Butter für das Blech**

***Belag*: • 1,5 kg Zwetschken • 10 g Butter • 30 g Mohn • 30 g Zucker**

***Streusel*: 80 g Mehl • 60 g Zucker • 60 g Butter**

* Für den Streusel alle Zutaten miteinander vermischen und kalt stellen.
* Für den Teig Mehl in eine Schüssel sieben und in die Mitte eine Mulde drücken. Hefe hineinbröckeln und mit 1 TL Zucker und 3 EL Milch zu einem Vorteig verrühren. Etwas Mehl darüberstauben, mit einem Tuch bedecken und ca. 15 Minuten an einem warmen Platz gehen lassen.
* Danach Salz, ausgekratztes Vanillemark, Zitronenschale, restlichen Zucker, Milch, Butter und Eidotter hinzufügen und alles mit einem Kochlöffel zu einem glatten Teig schlagen, bis dieser Blasen wirft und sich vom Rand löst. Zugedeckt 30 Minuten gehen lassen.
* Den Teig ausrollen und auf ein mit Butter befettetes Blech legen.
* Die Zwetschken halbieren, entkernen und schuppenartig auf dem Teig verteilen.
* Die Ränder mit etwas flüssiger Butter bestreichen.
* Den gemahlenen Mohn mit Zucker vermischen, den Kuchen damit bestreuen, mit flüssiger Butter beträufeln und den Streusel darüber krümeln.
* Den Kuchen noch einmal 15 Minuten gehen lassen und dann im vorgeheizten Backofen bei 180 °C ca. 40 Minuten backen.

Becherovka

Der wohl bekannteste böhmische Likör wurde nach Josef Becher benannt, der zusammen mit Dr. Frobig (dem Leibarzt von Graf Friedrich von Plettenberg-Wittern zu Mietingen) diesen Kräutertrunk im Jahre 1805 entwickelte und ihn nach weiteren zwei Jahren der Verfeinerung der Rezeptur unter der Bezeichnung Englisch-Bitter in seinem Karlsbader Geschäft vertrieb. Der Likör war bald derart beliebt, dass er den Beinahmen „13. Quelle von Karlsbad" erhielt.
Jan Becher übernahm 1838 das Familienunternehmen, entwickelte und verfeinerte die Rezeptur weiter und versah dann jede Flasche mit seiner Unterschrift (bis heute ist jede Becherovka-Flasche mit dieser Unterschrift versehen), wodurch er von vielen als der eigentliche Firmengründer angesehen wird.
Im Ersten Weltkrieg wurde Becherovka sogar an die Front gebracht, um die Soldaten zu ermutigen – aus dieser Zeit stammt auch die Feldflasche mit dem Becher am Verschlussdeckel. Im Zweiten Weltkrieg benutzten beide Seiten den Trunk zur Stärkung ihrer Truppen.

Nachdem die Familie Becher nach dem Zweiten Weltkrieg enteignet und vertrieben wurde, befand sich das Unternehmen 57 Jahre in staatlicher Hand, danach wurde es erfolgreich privatisiert und befindet sich heute im Besitz des französischen Weltkonzerns Pernod Richard. Die Rezeptur des hellgrünen Likörs, der nur aus Karlsbader Wasser, hochwertigem Alkohol, Zucker sowie einer ausgewogenen Mischung an Kräutern und Gewürzen besteht, ist aber nach wie vor streng geheim …

Becherovka hat eine appetitanregende Wirkung und ist daher nicht nur als Digestif, sondern auch als Aperitif bestens geeignet.

Oblaten-Röllchen
Oplatkové trubičky

Zutaten für 10 Stück
10 Stück Oblaten (Durchmesser 12–15 cm) • 40 g Butter
***Fülle 1:* 60 g Staubzucker • 50 g geriebene Kochschokolade • 50 g geriebene Haselnüsse • 20 g fein gehackte Rosinen**
***Fülle 2:* 250 ml Obers • 20 g Zucker**

* Für die erste Fülle alle Zutaten miteinander vermengen. Für die zweite Fülle Obers mit Zucker steif schlagen.
* Ein Spritzschutzgitter auf einen Topf mit kochendem Wasser auflegen, die Oblaten kurz auf das Gitter legen – durch den Dampf werden sie weich. Die weichen Oblaten mit flüssiger Butter bestreichen, schnell mit der ersten Fülle bestreichen und um einen geeigneten Stab (z. B. einen Kochlöffelgriff) wickeln.
* Die Röllchen im lauwarmen Backofen ca. 100 °C) trocknen lassen.
* Die zweite Fülle in einen Spritzsack mit langer, dünner Tülle füllen und die getrockneten Röllchen damit füllen.

Altböhmische Knetprinten
Staročeské pečivo

Zutaten für ca. 25 Stück
80 g Butter • 80 g Staubzucker • 2 Eidotter (Eigelb) • 1 TL Rum • 1 Prise Salz • 2 Prisen Backpulver • ca. 120 g griffiges Mehl (Type 550) • 1 Ei zum Bestreichen • kandierte Sauerkirschen zum Verzieren

* Die Butter, den Zucker, die Eidotter und den Rum schaumig rühren, das Salz sowie das mit Backpulver vermischte Mehl hinzufügen und zu einem geschmeidigen Teig verarbeiten.
* Den Teig etwa 1 cm dick ausrollen und mit einer Form (z. B. Fünfblattrosen oder auch Sternausstecher mit ca. 6 cm Durchmesser) ausstechen, diese sogleich mit dem verschlagenen Ei bestreichen und im mittelheißen, auf ca. 150 °C vorgeheizten Backofen ca. 15 Minuten backen.
* Die fertigen Knetprinten mit einer kandierten Sauerkirsche verzieren.

Dieses traditionelle Kirchweih-Feingebäck wurde früher durch eine kleine Tragant-Rose (essbarer Dekor aus „Tragant-Zucker“) verziert.

Altböhmische Karottenküchlein
Mrkvance

Zutaten für 18 Stück

20 g Hefe • 250 ml Milch • 50 g Zucker • 400 g griffiges Mehl (Type 550) • ½ TL Salz • 80 g Butter • 2 Eidotter (Eigelb) • 50 g Butter zum Bestreichen • Staubzucker zum Bestreuen

***Fülle:* 500 g Karotten • 1 Apfel • 2–3 EL Zucker • 1 EL Butter • 1 EL Milch oder Wasser • 1 Messerspitze Zimt • Saft und Schale von ½ Zitrone (unbehandelt)**

* Einen geschmeidigen Hefeteig zubereiten (s. Rezept Böhmische Dalken, S. 150) und aufgehen lassen.
* Für die Fülle die Karotten und den Apfel schälen, raspeln, mit dem Zucker vermischen und in der Butter weich dünsten. Von Zeit zu Zeit umrühren und im Bedarfsfall einen Esslöffel Milch oder Wasser zugeben. Zimt sowie Zitronensaft und -schale hinzufügen, nach Belieben noch etwas Zucker zugeben und auskühlen lassen.
* Aus dem aufgegangenen Teig mit dem Esslöffel gleich große Stücke abstechen, diese zu Plätzchen ausrollen, darauf etwas Fülle legen, Teig über die Fülle klappen und die Ränder gut zusammendrücken.
* Die kleinen Küchlein mit der Verschlussseite auf ein gefettete Backblech legen. Noch etwas aufgehen lassen, dann mit zerlassener Butter bestreichen und im auf 190 °C vorgeheizten Backofen ca. 30 Minuten backen.
* Die fertigen Karottenküchlein noch einmal mit zerlassener Butter bestreichen und mit Staubzucker bestreuen.

Topfenküchlein
Tvarohové placičky – syrníky

500 g Topfen (Quark, 20 % F. i. Tr.) • 1 EL Staubzucker • Salz • 1 EL zerlassene Butter • 2 Eidotter • 3 EL griffiges Mehl (Type 550) • Butterschmalz zum Backen • Heidelbeerkompott • Sauerrahm (saure Sahne)

* Topfen mit Zucker, Salz, Butter, Eidotter und Mehl vermengen und zu einem glatten Teig rühren. Die Arbeitsfläche mit Mehl bestauben. Mit einem Löffel Nockerln abstechen, diese auf die Arbeitsfläche legen, flach drücken und mit einem Messer Gitter einritzen.
* Butterschmalz erhitzen, die Küchlein einlegen und auf beiden Seiten goldbraun backen.
* Mit Sauerrahm und Heidelbeerkompott servieren.

Tipp: Man kann den Teig auch mit etwas „Backpulver“ anreichern, so werden die Küchlein besonders luftig.

Lokaltipps

Lokaltipps zu geben ist mitunter ein schweres Unterfangen, da jeder bekanntlich andere Vorlieben hat. Wir haben mit unserer Zusammenstellung versucht, möglichst vielen Wünschen gerecht zu werden und sowohl Feinschmeckerlokale wie auch typisch böhmische Bierlokale und Bierschwemmen in die Liste aufgenommen – allen gemeinsam ist aber, dass sie eine „empfehlenswerte“ Küche kochen, in der die Wesenszüge der böhmischen Kochtradition erkennbar sind.

Da Lokaltipps immer auch ein sehr subjektives Unterfangen sind, wurde die nachstehende Liste von den Autoren (Sassi Z. Horinek, Volker Sander u. Gerd Wolfgang Sievers) und dem Fotografen Kurt Michael Westermann gemeinsam zusammengestellt. Wir möchten an dieser Stelle betonen, dass es sich um Restaurants und Beiseln handelt, die wir persönlich aus den verschiedensten Gründen (das muss nicht immer das „gute Essen“ sein, sondern kann auch schon einmal „nur“ ein herrlich frisch gezapftes Bier, eine angenehme Atmosphäre, ein beeindruckendes Ambiente, Romantik, Tradition u. v. a. m. sein) gerne besuchen.

Die Prager Lokale

Restaurant „Hanavský Pavilon“

Letenské sady 173 • 170 00 Praha 7 • +420 725 94 48 89 • info@hanavsky-pavilon.cz

Zur nationalen Jubiläumsausstellung im Jahre 1891 konnte das Publikum diesen pseudobarocken Pavillon aus der Bauwerkstatt-Eisenhütte des Fürsten von Hanau in Komárov bewundern. Von der verglasten Terrasse hat man eine faszinierende Aussicht auf das historische Prag und alle seine Brücken.
Es werden typische tschechische Speisen gekocht, wie z. B. Kulajda, Kaninchensuppe „Kaldoun“ mit Nockerln und Suppennudeln, altböhmisches, mit Sauerkraut gefülltes Schweinskotelett, Wildschweinkeule mit Hagebuttensauce, Kuchen auf Böhmerwaldart usw.

La Degustation Bohême Bourgeoise

Haštalská 18 • 110 00 Praha 1 • +420 222 311 234 • boheme@ambi.cz • www.ladegustation.cz/en

Eines der besten Lokale der Tschechischen Republik mit traditioneller Küche des 19. Jahrhunderts. Mit dem Leitspruch „Ihr Erlebnis ist der Sinn unserer Arbeit“.

Zvonice

Jindřišská věž, Jindřišská ulice 33 • Praha 1 • +420 224 220 009 • www.restaurantzvonice.cz

Das einzige Aussichtsrestaurant in Europa in einem gotischen Glockenturm – sehr romantisch! Die Küche verwöhnt Sie mit böhmischen Spezialitäten wie Svíčková, Lungenbraten vom Wildschwein mit Koriander und Pilzen etc.

Café Savoy

Vítězná 5 • 150 00 Praha 5 - Malá Strana (Kleinseite) • +420 731 136 144 • savoy@ambi.cz • www.cafesavoy.cz

Ein Café im Stil der Neo-Renaissance mit hoher Cafékultur. In der hauseigenen Bäckerei wird Brot vom Feinsten hergestellt, und das Mittagsmenü ist eine Gaumenfreude.

V Zátiší

Betlémské nám. / Liliová 1 • Praha 1 •
+420 222 221 155 • www.zatisigroup.cz

V Zátiší ist ein Geheimnis ausgezeichneter Gastronomie, das Beste der Böhmischen Küche – die moderne Variante!

Restaurant U medvídků

Na Perštýně 7 • 100 01 Praha 1 • +420 736 662 900 •
info@umedvidku.cz • www.umedvidku.cz

U medvídků ist die kleinste Prager Brauerei, die in einem historischen Verfahren das stärkste Bier der Welt braut - XBEER-33. Im gleichnamigen Bierlokal wird typische Böhmische Küche und ein breites Angebot tschechischer Biere kredenzt.

Restaurant U Modré Kachničky

Nebovidská 6 • 118 00 Praha 1• Kleinseite / Lesser Town •
+420 257 320 308 • original@umodrekachnicky.cz •
www.umodrekachnicky.cz

Michalská 16, 110 00 Praha 1, Staré Mesto (Prager Altstadt)

Nehmen Sie sich Zeit, vergessen Sie nicht zu leben und vergessen Sie nicht den Genuss. Wir befinden uns im Prag der 30er Jahre „Art Deco“, hier fühlt man sich zu Hause! Prager Schinken, selbst gemachte Wildpastete, Entensuppe, Enten auf verschiedene Arten (Spezialität: gegrillte Ente) und Wilspezialitäten.

Potrefená Husa Na Verandách

Nádražní 43/84 • 150 00 Praha • +420 257 191 200 •
info@phnaverandach.cz • www.phnaverandach.cz

Dieses Lokal erhielt 2012 den „Gastronomie Oskar“! Sie wählen hier zwischen 10 verschiedenen offenen Biersorten. Spezialitäten wie eingelegter Käse, Entengrammeln, Presswurst und gebratene Stelze in Schwarzbier werden hier geboten. Mittlerweile finden Sie in Prag elf Lokale dieser Kette, die individuelle Spezialitäten anbieten.

Kavárenská restaurace Chudoba

Vinohradská 1241/67 • 120 00 Praha 2 • +420 222 250 624 • www.restauracechudoba.cz

Prager Restaurant mit ehrlicher Küche. Gegrillter Schopfbraten mit Eierschwammerln auf Topinky (geröstetes Schwarzbrot), Grammelschmalzbrot, Schnitzel im Kartoffelpuffer, Strudel, Palatschiken etc.

Bierbrauerei und Restaurant „U Fleků“

Křemencova 11 • Praha 1 • +420 224 934 019-20 • +420 602 660 290 • ufleku@ufleku.cz

Die Bierbrauerei U Fleků ist die einzige Brauerei in Mitteleuropa, in der seit mehr als 500 Jahren ununterbrochen Bier gebraut wird. Sie bekommen hier Bierkäse, Prager Schinken, altböhmische Zwiebelsuppe, Ente, Svíčková, Schweinsbraten und diverse Strudel. Dazu gibt es auch ein spezielles dunkles Bier. Das U Flekůbietet abends auch Kabarett zum Essen.

Lokál U Bílé kuželky

Míšeňská 12 • 110 00 Praha 1 • +420 257 212 014 • kuzelka@ambi.cz • www.ubilekuzelky.ambi.cz

Hier bekommen Sie frisch gezapftes Bier und ehrliche Hausmannskost mit frischen Zutaten.

Restaurant U Jindřišské věže

Jindřišská 24 • Praha 1 • +420 724 545 642 • info@ujindrisskeveze.cz • www.ujindrisskeveze.cz

Das Restaurant mit einer 100-jährigen Tradition bietet typisch tschechische Gerichte.
Das Gambrinusbier vom Tank schmeckt wie frisch gebraut!
Es gibt geräucherte Stelze im Kartoffelpuffer mit Kraut, Ente, Rippchen, Karpfen und diverse Strudel.

Lokale außerhalb Prags

Restaurant Valoria

Bohunická 292 • 619 00 Brno • +420 543 250 462 • www.valoria.cz

Restaurant am Rand von Brünn, mit einer Küche, die sich auf regionale Produkte spezialisiert.
Kulajda (altböhmische Steinpilzsuppe) Kalbswangen in Dillesauce mit Karlsbader Knödeln.
Sehr elegantes Ambiente – ein Feinschmeckerlokal.

Krčma U dwau Maryí

Parkán č. p. 104 • 381 01 Český Krumlov • +420 380 717 228 • info@2marie.cz • www.2marie.cz

Ein mittelalterliches Beisl, wo die Zeit stehengeblieben ist … Aus der altböhmischen Küche: Krautsuppe mit Gänseblümchen, Hirseauflauf mit Rauchfleisch und Kraut, Graupenkuba mit Steinpilzen, gekochter Buchweizen mit Spinat, gebratener Karpfen auf Salbei, Mohnnudeln – guten Appetit.

Šupina a Šupinka (2 Fischlokale)

Valy 155 • 379 01 Třeboň • +420 384 721 149 • info@supina.cz • www.supina.cz

Familienbetrieb mit umfangreichem Süßwasserfischangebot. Zander, Hecht, Wels, Aal, Schleie, Graskarpfen, Regenbogenforelle und speziell den Wittingauer Karpfen.
Unbedingt probieren: die Karpfenfritten.

Pivovar Černá Hora, a.s.

U pivovaru 3/5 • 679 21 Černá Hora • +420 516 482 410 • www.pivovarcernahora.cz

Auf dem Weg von Brünn nach Prag liegt die älteste Brauerei Mährens – Černá Hora. Mit 14 Biersorten und einem Biermuseum ist dieser Ort sicher einen Abstecher wert (ca. 30 km von Brünn entfernt). Exzellente Küche: Knoblauchsuppe, mährische Spatzen, Biergulasch, Rippchen in Biersauce, gebackener Bierkäse etc. Wenn es später wird und das Bier gut geschmeckt hat, übernachtet man im historischen Gebäude mit Turmzimmer. Der besondere Wellnessgenuss: ein Bad im Bier!

Restaurace U dvou koček

Svatošova 310 • 39001 Tábor • +420 381 256 802 • www.ukocek.cz/restaurace/kontakty.html

Zu diesem Restaurant im Stil der Hussiten passen die altböhmischen Speisen: Knoblauchsuppe und Eierschwammerlsuppe, wenn Sie wollen auch in der „Brotschüssel". Kartoffelpuffer, gefüllte Kartoffelknödel und geräucherte Stelze stehen auch auf der Karte.

Lokale in Wien

Zur Böhmischen Kuchl

Schlösselgasse 18 • 1080 Wien • +43 1 4025731 •
www.zurboehmischenkueche.stadtausstellung.at

Nomen est omen: alteingesessenes Wiener Beisel mit uriger Atmosphäre und original Böhmischer Küche – etwas für Traditionalisten.

Zu den 3 Buchteln

Wehrgasse 9 • 1050 Wien • +43 1 5878365

Das vielleicht bekannteste Lokal mit original Böhmischer Hausmannskost in Wien – ein wahrer Klassiker!

Schweizerhaus im Prater

Prater 116 • 1020 Wien • +43 1 728015213 •
www.schweizerhaus.at

Perfekt gezapftes Budweiser, wunderbare Kartoffelpuffer, Dršťková polévka (Prager Kuttelflecksuppe), knusprige Stelzen und Powidltascherln zum Dessert – böhmisches Herz, was willst du mehr?

Rezeptregister

Spezialitätenregister